설교에 맛을 더하는
예화 사용법

KB194923

설교에 맛을 더하는 예화 사용법

저자 김정훈

초판 1쇄 발행 2020. 10. 5.
개정증보판 1쇄 발행 2024. 6. 27.

발행처 도서출판 브니엘
발행인 권혁선

책임교정 조은경
책임영업 기태훈
책임편집 브니엘 디자인실

등록번호 서울 제2006-50호
등록일자 2006. 9. 11.

서울특별시 송파구 백제고분로28길 25 B101호 (05590)
마케팅부 02)421-3436
편집부 02)421-3487
팩시밀리 02)421-3438

ISBN 979-11-93092-23-1 03230

독자의견 02)421-3487
이메일 editorkhs@empal.com

북카페 주소 cafe.naver.com/penielpub.cafe
인스타그램 @peniel_books

도서출판 브니엘은 독자들의 원고를 설레는 마음으로 기다리고 있습니다.
위의 이메일로 간단한 기획 내용 및 원고, 연락처 등을 보내주십시오.

도서출판 브니엘은 갓구운 빵처럼 항상 신선한 책만을 고집합니다.

[설교 대가 10인의 강력 추천]

설교에 맛을 더하는
예화 사용법

청중을 움직이고 강단을 살리는 설교 더하기
How to use the illustration

김정훈 | 지음

브니엘

설교 대가 10인의 추천의 글

경이로움과 경탄할 이야기로 가득한 하나님의 말씀을 지루하게 전달한다면 죄가 될 수도 있다. 설교에 있어 예화 사용에 대한 다양한 주장이 있지만 적절한 예화 사용은 설교에 생동감과 함께 집중력을 더해 준다. 저자는 이 책에서 예화 자체가 초점이기보다 말씀을 더 풍부하게 살려내려는 열정에 관심을 두고 있다. 자칫하면 예화가 말씀의 집중력을 잃어버릴 수도 있게 하는 위험성이 있어 예화 사용의 문제는 고도의 설교 기법이라 할 수 있다.

이 책은 말씀의 생생한 전달은 물론 설교에 관한 설득력 있는 내용들이 섬세하게 잘 다루어지고 있다. 청중을 배려하고 청중에 더 가까이 접근하려는 애정을 가진 설교자들에게 기꺼이 추천하고 싶은 책이다.

이규현 목사 _ 수영로교회 담임목사

교회의 성장과 성도들의 변화는 설교에 달려 있다고 할 수 있다. 설교자가 먼저 성령 충만해야 한다. 나 역시 설교하기 전에 먼저 은혜를 받기 위해 부단히 연구하고 기도해 왔으며, 강단에서 전한 말씀대로 살기 위해 몸부림쳤다. 오랜 설교 사역을 돌아볼 때 설교에서 예화의 중요성을 깨닫게 된다. 적절한 예화 하나가 열 마디의 주장이나 논리보다 더 감동을 줄 때가 있기 때문이다. 설교 예화 사용에 관한 저자의 책을 통해 설교자들의 강단이 새롭게 되기를 기원한다.

고(故) 정필도 목사 _ 수영로교회 원로목사

이 책의 저자인 김정훈 목사는 나와 함께 수년간 대구동신교회에서 복음으로 사람을 살리고 키우며 고치는 생명사역을 충실하게 감당하였다. 내가 동역자들의 설교를 멘토링할 때 김 목사는 별로 고쳐줄 것이 없을 정도로 개혁주의 성경해석의 정석에 따라 성경을 해석하고, 교인의 눈높이에 맞게 설명, 논증, 예증, 적용을 적절하게 한 설교자였다.

이번에 설교 예화의 의의와 선택과 사용, 그리고 적절한 예화와 부적절한 예화 등에 관해서 연구한 것을 책으로 출판하게 되었다. 스펄전이 말한 대로 예화는 건물의 창문과 같다. 창문 없이 꽉 막힌 집이 답답한 것처럼 예화 없는 설교는 청중의 숨통을 막히게 한다. 성경적으로 아무리 좋은 내용이라 하더라도 예화를 통한 설명이 없으면 청중은 듣는 데 불편을 느낄 뿐 아니라 은근히 피하게 된다.

이 책은 예화를 어떻게 선택하고 사용해서 설교의 효력을 극대화할 것인가에 대한 아이디어와 방향과 지혜를 제공해주고 있다. 설교자와 신학생, 설교에 관심 있는 평신도에게 기쁜 마음으로 일독을 한다.

권성수 목사 _ 대구동신교회 원로목사

설교에 있어서 예화는 음식의 양념과 같고 설교를 듣는 청중의 마음 문의 빗장을 여는 열쇠와 같다. 때로는 어려운 성경 본문을 쉽게 이해하게 하고 때로는 감동과 은혜를 주기도 한다. 그러나 예화의 남용은 설교의 질을 떨어뜨리고 하나님의 뜻에서 벗어나게 하기도 한다.

설교 예화를 수집하여 출판한 책은 많이 나왔지만 저자의 책은 예화에 대한 이론적인 방향을 제시해주고 있다. 그래서 목회자들이 예화를 건전하게 사용하도록 인도해주며 나쁜 예화는 쓰지 않도록 예방하는 효과가 있다. 이 책의 저자인 김정훈 목사는 하나님의 말씀에 예민한 감수성을 가지고 있으며, 어떻게 하든지 하나님의 말씀이 바르게 선포되도록 노력하고 있는 신진 목회자이다. 이 책이 일선 목회자들에게 큰 도움이 되길 바란다.

김서택 목사 _ 대구동부교회 담임목사

설교를 오래 할수록 예화의 필요성과 중요성을 실감하게 된다. 예수님이 진리를 전할 때 왜 그렇게 예화를 자주 사용하셨는지 이해하게 된다. 본문을 드러내는 다양한 방법 가운데 예화는 가장 실감 나게 눈에 보이게 본문을 체험하게 한다. 예화는 정물화 같은 상황을 영화처럼 보이게 하는 힘이 있다. 예화가 살아나면 설교가 산다. 저자는 모든 목회자가 고민하는 예화에 관해 꼭 필요한 것을 쉽고 유익하게 실천적으로 잘 그려냈다. 이 책을 통해 설교 강단에 활력이 일어날 것을 기대한다.

류응렬 목사 _ 와싱톤중앙장로교회 담임목사, 고든콘웰신학교 객원교수

설교에 관한 책은 많지만 예화를 전문적으로 다룬 책은 생각보다 흔치 않다. 설교에 있어 예화가 차지하는 중요성을 생각하면 다소 의아하고 아쉬운 상황인데 본서가 출간되어 기쁘고 기대된다. 이 책은 예화에 관한 이론적인 원리에서 시작하여 좋은 예화가 갖추어야 할 조건과 실제적인 수집과 활용의 방법까지 촘촘하게 소개하고 있다. 예화를 다룬 책답게 풍부한 예시를 곁들여 매우 생동감 있고 실제로 완성된 책이다. 생명의 메시지를 더 힘차고 생기 있게 전하려고 애쓰는 모든 설교자에게 일독을 권한다.

채경락 목사 _ 샘물교회 담임목사, 전 고신대학교 설교학 교수

예화 사용에 대해 부정적인 사람이 종종 있다. 성경에 있는 예화만 사용해야 한다고 주장하는 사람들도 있다. 하지만 그러한 주장은 너무 편협하고 비성경적이다. 성경의 저자들도 내용을 분명하게 설명하고 청중의 이해를 돕기 위해 다양한 비유나 예화를 사용하였음을 쉽게 발견할 수 있다. 흔히 예화는 집의 창문에 비유한다. 창문이 없다고 못 사는 것은 아니지만 매우 불편하다.

저자는 본서에서 예화의 기본적인 개념을 잘 정리하고 예화 사용의 방향을 분명하게 제시하였다. 예화가 무엇인지, 예화를 어떻게 사용해야 할지, 예화의 효과가 무엇인지, 그리고 탁월한 설교자들이 사용한

맛깔스러운 예화의 실제적인 예들을 자세히 보여준다. 예화를 통해 더 효과적이고 설득력 있는 설교를 하기 원하는 설교자들을 위해 이 책이 유익하게 사용되길 기도한다.

김창훈 교수 _ 총신대학교 신학대학원 설교학 교수

예화는 '시녀이고 조미료이며 창문'이라는 별칭처럼 설교의 본질이나 핵심 메시지는 아니다. 또한 예화의 강한 인상이 메시지를 잡아먹어서 설교가 끝나도 예화만 기억나는 역기능도 우려되는 게 사실이다. 하지만 예화는 설교의 핵심 메시지를 전달하는 일종의 수레와도 같은 것이다. 진리를 가시적이고 경험적인 차원으로 연결시킴으로써 이해와 공감을 일으키는 데 중요한 소통과 전달, 그리고 공감 형성의 방법이다. 더욱이 '올바른 설교'가 자동으로 '들리는 설교'가 되는 것은 아니지 않은가?

이런 맥락에서 저자의 책은 설교자에게 설교 예화에 대한 이해와 작성에 도움을 주는 좋은 안내서이다. 설교학적으로 분류하면 설교 예화는 설교에 쓰이는 자료를 연구하는 '자료설교학'에 속하는데, 그동안 이 부분에 관한 연구가 미진하던 차에 김정훈 목사의 책이 출판된 것은 설교학계로서도 크게 환영할 일이다.

본서는 이론을 바탕으로 했지만 난해하거나 딱딱하지 않다. 예화에 대한 이해와 작성을 위한 지침, 그리고 모범적인 예화 사례들이 읽기 쉽게 쓰여 독자들이 이해하기 편하고 실제로 적용하는 데도 도움이 된다. 한국교회가 침체되는 원인의 하나로 강단의 위기가 거론되는 시점

에서 김정훈 목사의 이 책이 '맛있는 설교'를 조리하는 좋은 안내서가
될 것으로 믿는다.

정인교 교수 _ 전 서울신학대학교 설교학 교수

설교에 있어서 예화만큼 요긴한 효자는 없다. 집이 있으면 창문이
있어야 답답하지 않듯이 한 편의 설교 속에는 두세 개의 예화가 필요하
다. 아직도 예화를 무시하는 설교자가 적지 않다. 영혼을 살리고 성장
시키는 영적인 말씀을 전하는 데 세상 예화는 절대 사용할 수 없다고
한다. 그렇다면 예수님의 예화부터 성경 속에서 다 제거해야 할 것이
다. 예수님은 예화 사용의 챔피언이셨다.

예화는 영적 진리를 더욱 쉽게 이해시키기 위해 활용하라고 하나님
이 설교자에게 주신 설교의 보고이다. 예화는 설교의 보조수단이 아니
다. 예화 자체가 설교 속에 포함된다. 하나님의 아들이자 메시아로 오
신 예수님이 예화를 사용하셨다면 우리같이 무능한 설교자들이야 당
연히 예화 활용을 즐겨 해야 하지 않겠는가?

그동안 예화와 관련된 유익한 저서를 찾기가 힘들었는데 금번에 그
에 관한 소중한 책이 한 권 나왔다. 저자는 이 책에서 적절한 예화 하나
가 설교에서 어떤 유익한 역할을 하는지, 예화가 아닌 것은 무엇인지,
마지막에는 예화를 잘 활용한 모범적 설교자의 실례까지 양념으로 곁
들였다. 무미건조한 설교에서 생동감 있고 감동적인 설교로의 변화를
시도하고 싶은 분들에게 일독을 강력히 추천한다.

신성욱 교수 _ 아신대학교 설교학 교수

내가 미국 유학 시절 설교학을 처음 배우고 연구할 때는 성경적 설교에 매료되어 '본문 연구'와 '본문 설명'에 학문적으로 더욱 집중했던 때가 있었다. 그러다 한 교회에서 목회자로 다양한 삶의 자리에 있는 성도들을 직접 만나게 되었다. 설교자로서 여러 믿음의 공동체에서 집회를 인도하는 가운데 설교에서 '예화의 힘'이 얼마나 대단한지를 깨닫게 되었다. 현재는 신학교에서 설교자를 세우는 설교학 교수로서 미래 강단을 준비하는 신학도들과 현장에서 섬기는 목회자들에게 예화의 중요성을 강조한다.

설교학에 관련된 책이 많이 출간되고 있지만 설교에 너무나 중요한 예화 사용에 실제로 도움받을 수 있는 안내서는 충분하지 않아 보인다. 그런데 이번에 한국인의 정서와 영성과 상황을 잘 이해하고 있는 김정훈 목사가 설교의 초보자뿐 아니라 베테랑에게도 도움이 되는 귀한 책을 준비하여 내놓았다. 이 책을 통해 성경에서 증거된 하나님의 말씀을 다양하게 맛보길 소원한다. 또한 성경이 궁극적으로 증거하는 예수 그리스도를 더욱 진하게 체험하는 설교가 온 세상에 가득하길 소원한다.

임도균 교수 _ 침례신학대학교 설교학 교수

"목사님, 오늘 설교 말씀이 제 귀에 쏙쏙 들어왔어요."

주일예배를 마치고 성도님께 받은 문자입니다. 요즘 청중은 설교를 듣고 나서 반응을 숨기지 않습니다. 설교자는 마음의 준비를 해야 합니다. 다행히 기분 좋은 문자입니다. 물론 설교자는 청중의 반응에 쉽게 동요해선 안 됩니다. 설교자는 하나님의 부르심을 받고 하나님 앞에서 설교하는 사람이기 때문입니다. 그런데도 이런 문자를 받으면 유쾌한 기분이 드는 것이 솔직한 심정입니다.

"무슨 말씀인지 도통 알아듣지 못했어요."

"너무 지루했어요."

"언제 끝날지 시계만 보았어요."

"오늘도 졸다가 왔어요"라는 반응보다 낫지 않나요?

설교자의 기분이 좋고 안 좋고를 떠나서 하나님 말씀이 청중에게 잘 전달되어 변화가 있다면 이것이 설교자의 기쁨이고 보람입니다.

설교는 '들리는 설교'와 '들리지 않는 설교'가 있습니다.

청중의 귀에 쏙쏙 들리는 설교가 있습니다. 마음에 남는 설교입니다. 잘 들려서 말씀이 깨달아지고 가슴이 먹먹해지며 때론 눈물도 흘립니다. 말씀대로 살아야겠다고 다짐도 합니다. 반대로 설교를 나름 잘 준비해서 전한다 해도 청중의 귀에 들리지 않고 청중의 마음을 열지 못하는 설교가 있습니다.

설교는 당연히 '설교 내용'이 중요합니다. 즉 메시지가 성경적이어야 합니다. 본문에 근거해야 합니다. 영양가 있는 말씀이어야 합니다. 그런데 아무리 좋은 내용이라 해도 전달이 안 되면 생명의 역사가 일어나기 쉽지 않은 것이 강단의 현실입니다. "허공을 치는 설교, 소통되지 않는 설교, 이 시대를 힘겹게 살아가는 청중과 상관없는 설교"가 강단에서 전해지는 것에 안타까움을 느끼고 있습니다.

그렇다고 '어떻게 전할 것인가' 하는 설교 전달을 강조하면서 복음을 희석하거나 본문과 상관없는 메시지를 전해도 된다는 말은 아닙니다. 메시지가 성경적이면서 또한 청중에게 전달이 잘되는 설교를 지향해야 합니다.

설교는 단순한 정보 전달이 아닙니다. 지식 전수도 아닙니다. 설득하는 커뮤니케이션입니다. 설득하려면 전달이 잘되어야 합니다. 여기에 청중의 마음을 여는 성령님의 역사가 필요합니다.

이 책은 다양한 설교의 현장과 청중을 만나면서 '어떻게 하면 말씀이 잘 전달될 수 있을까?' 라는 고민에서 출발했습니다. 이런 중에 예화 사용에 관심을 두고 설교 예화를 연구했습니다.

이 책은 4년 전에 초판이 출간되었습니다. 책 출간 후에, 감사하게도 책이 죽지 않고 무사히 살아남았습니다. 개정출판에 대한 요청이 있어서 부족하지만 이번에 〈개정증보판〉을 출간했습니다.

설교 예화에 대한 상반된 모습이 있습니다. 예화가 없으면 설교할 수 없다는 설교자가 있습니다. 본문 연구와 묵상보다 예화를 찾는 데 노력을 기울입니다. 설교를 온통 예화로 채웁니다. 이런 설교자는 가벼운 이야기꾼과 같습니다.

반대로, 예화를 가볍게 여기고 무시하는 설교자가 있습니다. "거룩한 강단에서 하나님의 말씀만을 선포해야지 세상 이야기를 할 수 있냐"고 말합니다. 성경도 모르고 예수님을 잘 모르는 것 같습니다. 예수님은 예화 사용의 전문가였고 달인이셨습니다.

이 책은 단순한 예화 모음집이 아닙니다. 예화에 대한 이론적 근거와 실제 예화 사례를 소개하면서 설교 예화 활용법을 안내합니다. 이 책을 통해 설교 예화에 대한 오해가 있다면 오해를 풀고 바르게 이해해서 예화를 적절하게 사용하기를 기대합니다.

무엇보다 설교를 배우고 설교를 시작하는 설교 초년병에게 도움이 되었으면 좋겠습니다. 우리는 어릴 때부터 "첫 단추를 잘 끼워야 한다"라는 말을 듣고 자랐습니다. 이 책이 설교 전달과 예화 사용에 있어서 첫 단추를 잘 끼워 설교의 효과적인 전달에 작은 도움이 되기를 바랍니다. 하나라도 도움이 되거나 참고할 게 있어서 동의가 된다면 참 감사한 일입니다. 오랜 기간 부교역자 사역과 훈련의 시간을 지나 담임목회 현장에 들어서보니 예화의 중요성을 더욱 몸소 느끼고 있습니다.

　　예화는 설교를 위해 하나님이 주신 선물입니다. 예화를 탓하지 마십시오. 예화는 진리의 말씀이 청중의 마음에 들어가는 길과 같습니다. 예화에 대한 편견을 버리고 예화를 제대로 이해하고 바르게 활용한다면, 분명히 강단에 새바람이 불 것으로 확신합니다.
　　'끌리는 설교' 는 예화가 다릅니다.
　　'들리는 설교' 는 청중을 하나님과 진리의 말씀 앞으로 인도합니다.

　　　　　　　　　　　　　　　　　　글쓴이 김정훈

| 특별수록 | # 이 시대의 설교자 5인 인터뷰

"성도들이
교회 오는 길을
행복하게 해주 책!"

PART 01

적절한 예화는
설교에 맛을 더한다

설교자로서 부르심을 받고 보람과 자부심을 느끼게 되어 감사하다. 그러나 강단에 설 때마다 매번 찾아오는 감정은 아니다. 설교한다고 해서 청중이 눈을 초롱초롱하게 뜨고 음식을 받아먹듯이 말씀을 듣는 시대가 아니다. 말씀이 귀에 들어오지 않고 감동이 없다고 느껴지면 청중은 귀를 닫고 눈을 감는다. 어떻게 하면 공허한 메아리 같은 설교가 아니라 청중의 가슴을 파고드는 설교가 될 수 있을까? 설교를 시작하자마자 졸기 시작하는 청중을 보게 된다. 주보에 글씨를 쓰거나 핸드폰을 만지는 청중도 있다. 사실 이것은 청중의 문제가 아니라 설교자의 문제일 수 있다.

왜 설교 전달이 잘 안될까? 땀을 흘리며 열심히 설교하지만 핵심을 잃어버리고 횡설수설하는 설교자가 있다. 설교 원고에만 매달려서 청중과 눈을 맞추지 못하는 설교자도 있고, 설득력 있는 언어 구사가 되지 않는 설교자도 있다. 무엇이 문제일까? 내용을 열심히 준비하는 만큼 전달이 잘되어야 한다.

"하버드대학교에서 뛰어난 교사들을 대상으로 연구한 결과, 두 가지 공통점을 발견했다. 하나는 구체적인 것을 가르치는 교사이며, 다른 하나는 예를 들어 설명해주는 교사였다. 구체적인 예를 들어 설명하는 교사는 관념적으로만 가르치지 않고 학생들이 온몸으로 체감할 수 있도록 가르쳐 오랫동안 기억나게 한다.
한국교회 평신도를 대상으로 한 설교에 대한 인식조사에서 가장 관심을 끌지 못하는 설교는 예화 없이 본문 설명에만 집중하는 설교로 나타났다. 교인들은 설교자가 본문의 진리를 오늘의 삶으로 연결해서 나의 이야기로 들려주기를 기대한다."[1]

설교에 있어서 설교문의 작성과 설교 전달은 다른 차원이다. 설교는 단순한 정보 전달이 아니다. 물론 정보 전달(inform)의 요소가 있다. 그러나 청중을 변화시키는 것(transform)이 설교이다. 청중의 귀를 열고 마음 깊이 들어가야 말씀이 들린다. 카피라이터 맹명관 교수는 '메시지가 반송되는 10가지 이유'를 소개하는데 설교 전달과 관련해서 주목할 필요가 있다.

첫째, 지나치게 이상적이거나 주관적이어서 다가오지 않는다.

둘째, 원고에만 시선을 집중하여 교감이 생기지 않는다.

셋째, 말씀 자체가 현학적이고 권위적이어서 쉽게 동의할 수 없다.

넷째, 주제뿐 아니라 내용 전개가 산만하며 지루하다.

다섯째, 적절하지 못한 예화와 사례로 혼란스럽다.

여섯째, 말과 제스처, 표정이 일치하지 않아서 신뢰감이 떨어진다.

일곱째, 명확한 대안 없이 무기력하게 결론을 내린다.

여덟째, 과거에 행했던 메시지를 반복함으로써 흥미를 잃어버린다.

아홉째, 학문적 용어에 치중하여 메시지 자체를 이해하지 못한다.

열째, 개념만 강조하여 도전적이지 못하다.[2]

설교는 내용과 전달, 두 마리 토끼를 다 잡아야 한다. 설교 내용이 '무엇을 말할까' 라면 설교 전달은 '어떻게 말할까' 의 문제이다. 같은 말이라도 그것을 어떻게 사용하느냐에 따라 전혀 달라진다. 설교자는 '내용' 도 놓칠 수 없고 '전달' 은 더욱 붙잡아야 한다. 설교는 철저하게 본문 중심이어야 한다. 성경적 설교를 해야 한다. 그리고 전달 면에서 청중에게 들리도록 설교해야 한다.

> "좋은 설교는 '바르고 힘센 설교' 이다. 메시지가 철저히 성경에 뿌리내리고 있다는 의미에서 바른 설교이고, 그러면서도 청중의 마음을 파고드는 커뮤니케이션 효율을 품고 있다는 뜻에서 힘센 설교이다. 둘을 합해서 '바르고 힘센 설교' 라 한다."[3]

설교의 방향이 분명해졌다. 내용이 성경적이면서 전달이 효과적으로 되는 설교가 청중을 움직이고 강단을 살린다. 설교 전달에 있어서 적절한 예화 사용의 중요성에 대해 생각하게 하는 에피소드가 있다. 권성수 목사의 경험담을 들어보자.

"학위 수여식에서 당시 웨스트민스터신학교 교장 에드먼드 클라우니 박사가 설교를 했다. 그는 세계적인 구속사 설교자로 정평이 나 있었다. 나는 그의 설교를 들으면서 매우 모순적인 현실을 목격했다. 구속사 관점에서 설교를 가장 잘한다는 그의 설교를 듣는 청중의 3의 2가 졸고 있던 것이다. 청중은 석사, 박사과정 학생들과 목사와 교수들이 대부분이었음에도 말이다. 나는 그때 아무리 좋은 설교도 '능력과 성령과 큰 확신'(살전 1:5)으로 잘 전달되지 않으면 별 효과가 없다는 확신이 들었다. 내용이 아무리 좋은 설교라 할지라도 예화의 창문이 있어야 하고, 구체적인 현실에 적용이 되어야 하며, 쉽고 감동적으로 전달되어야 하는 것이다."[4]

유명한 학자가 대단한 설교를 한다고 하더라도 청중에게 들리는 효과적인 설교가 아니면 말씀이 전달되지 않는다. 말씀이 들리지 않으면 변화도 없고 능력도 체험할 수 없게 된다. 물론 "전달되지 않는 말씀은 아무 소용이 없는가?"라고 했을 때 그렇지 않다. 하나님의 말씀은 생명과 능력이 있음을 믿는다. 그러나 설교 전달의 효과적인 면에서 보았을 때 이왕 선포되는 말씀이 귀에 들려지고 마음을 열게 하면 얼마나 좋을까? 설교는 설교자와 청중 사이에 이루어지는 대화이고 커뮤니케이션이다. 변하지 않는 진리의 말씀을 이 시대의 청중에게 어떻게 전해야 할까?

> "설교자를 긴장시키는 것은 설교자의 콘텍스트인 이 세상이 역사상 유례가 없을 정도의 거대한 변화의 과정 가운데 있다는 사실이다. 오늘날의 설교자는 포스트모던 세상과 그 세대를 부지런히 연구하고 그들에게 가장 효과적으로 다가갈 수 있는 커뮤니케이션의 전략을 수립해야 한다."[5]

커뮤니케이션의 전략? 너무 실용적인가? 아니다. 말씀을 듣는 청중을 생각하고 청중의 귀에 들리는 설교를 해야 한다. 메시지를 일방적으로 던져버리고 강단을 내려오지 말라. 설교의 스펙트럼은 굉장히 넓고 크다. 부족하지만 현장 목회의 경험을 비추어 볼 때 설교의 여러 가지 요소 가운데 적절한 예화의 활용이 중요하다고 생각한다. 예화는 '들리는 설교'를 위하여 하나님이 주신 선물이다. 예화를 무시하지 말자.

01 예화의 뜻을 알아야 잘 사용한다

식당이라고 다 같은 식당이 아니다. 가고 싶은 식당과 그저 그런 식당이 있다. 어떤 식당은 늘 손님으로 북적이며, 또 어떤 식당은 손님 한 명 없이 파리만 날리고 있다. 중요한 차이는 다름 아닌 음식의 맛에 있다. 사람의 입맛을 끄는 식당에는 사람들이 구름 떼같이 몰려든다.

"나는 설교자로서 청중에게 영양가 있고 맛있는 하나님의 말씀을 제공하고 있는가? 내가 섬기고 있는 청중은 말씀에 목말라하며 설교에 감동하고 변화를 체험하고 있는가?" 설교 예화가 이 역할을 할 수 있다.

설교 예화가 무엇인가? 예화의 뜻을 알아야 예화를 잘 사용할 수 있다. 예화가 무엇인지 잘 알고 사용할 때 효과적인 설교의 결과를 끌어낼 수 있다. 거룩한 강단에서 세상 이야기를 한다고 예화에 대해 비판한다. 예화를 비판할 것이 아니라 예화를 바르게 사용하지 않는 설교자를 비판해야 한다.

예화의 뜻에 대해 어렵게 생각할 필요가 없다. 우리가 어떤 사실을 설명하거나 이야기할 때 쉽게 쓰는 말이 있다. '예를 들어서…' 이다. 강해설교의 아버지라 불리는 해돈 로빈슨(Haddon W. Robinson) 교수는 예화를 이렇게 정의한다.

> "예화라는 것은 이름 그대로 예를 들어주는 역할을 하는 것으로 주제에 '빛을 비추어주는 것' 이란 의미를 가진다."[6]

예화를 잘 사용하면 설교에서 선포되는 메시지가 빛이 나서 밝게 보인다. 예화는 설교의 추상적이고 모호한 개념을 그림 그리듯이 설명하는 도구이다. 오래전에 해돈 로빈슨 교수의 설교를 직접 현장에서 들을 기회가 있었다. 본문 해석과 예화 사용을 통한 전달에 있어서 마치 드라마를 보듯이 설교에 빠져들었던 기억이 아직도 생생하다.

예화의 정의에 대한 가장 기본적인 설명은 설교의 황태자로 불리는 찰스 스펄전(C. H. Spurgeon)이 알려준다.

> "창문이 없는 건물은 집이라기보다는 감옥이다. 아주 어두워서 아무도 임차하지 않기 때문이다. 마찬가지로 비유 없는 강화는 지루하고 재미가 없다. 그리고 육체의 심한 피곤을 가져온다."[7]

여기서 비유가 예화이고, 강화는 설교이다. 예화는 집 안에 있는 창문과 같다. 창문이 있어야 빛이 들어오고 공기 순환이 된다. 살 만한 집이 된다. 좋은 설교, 감동적인 설교, 생생하게 들리는 설교가 되려면 예화의 창문을 활짝 열어야 한다.

설교에서 예화의 중요성에 대해 강조하는 목회자 중 한 사람이 브라이언 채플(Bryan Chapell)이다. 그는 예화가 필요한 이유를 다음과 같이 제시한다. 이것을 보면 예화의 뜻을 알 수 있다.

왜 예화가 필요한가?

첫째, 설교의 위기 때문이다.

　　예화의 사용은 설교를 효과적이고 설득력 있게 한다.

둘째, 문화의 흐름 때문이다.

　　현대 문화의 시청각적 특징은 예화의 사용을 당연하게 한다.

셋째, 위인들의 발자취 때문이다.

　　위대한 설교는 모두 탁월한 예화가 사용되었다.

넷째, 인식으로의 여정 때문이다.

　　경험을 통해서 이해는 촉진되고 향상된다.

다섯째, 성경의 지침 때문이다.

　　성경 전체의 사상으로 볼 때 예화는 필수적이다.

여섯째, 주님이 사용하신 방법 때문이다.

　　예수님은 비유가 아니면 말씀하지 않으셨다(막 4:34).[8]

예수님은 어떤 설교자인가? 하늘의 진리를 땅에 있는 청중에게 이

야기나 비유를 통해 전달하셨다. 단순히 정보나 개념만을 전달하지 않으셨다. 예수님은 예화 사용의 달인이고 챔피언이시다. 예화에 대한 다양한 정의를 들어보자.

"예화는 신적인 진리를 인간의 언어와 사상으로 표현하는 것이다. 하나님의 명제에 인간적인 삶과 체험의 옷을 입히는 것이다. 예화는 진리를 하늘에서부터 땅으로 끌어내려 사람들에게 보여주고 체험하게 하는 도구이다."[9]

"예화는 설교의 핵심이나 내용을 분명하게 설명하고 설득력 있게 제시하기 위해, 그리고 설교의 목적을 효과적으로 달성하기 위해 사용하는 것이다."[10]

"예화는 청중이 진리를 잘 이해하도록 도와준다. 그럼으로써 청중의 마음이 진리를 사랑하도록 더욱 힘차게 이끌어 그 진리가 더욱 실제적이게 만들어준다."[11]

"예화는 텍스트에 빛을 비추고 그 의미를 분명하게 하며 청중과 연결점을 만들어 설교를 기억하고 적용하도록 돕는다."[12]

이상의 내용을 정리하면 예화는 청중이 본문의 메시지를 완전하게 파악할 수 있도록 도와주는 수사학적 도구이다. 적절한 예화는 본문의 메시지를 눈으로 보는 것 같게 하고, 말씀을 몸소 느끼게 해주며, 말씀 안으로 생생하게 이끌어간다. 예화는 한마디로 '그림 언어'이다. 전달에 있어서 듣는 것보다 보는 것이 더 설득력이 있다.

　예화에 대하여 얼마나 알고 있는가? 무심코 예화를 사용하지 말라. 또한 예화를 가볍게 여기지 말라. 예화를 무시하면 무시당하는 설교자가 될 수 있다. 예화를 잘 알고 바르게 사용하면 강단이 새로워진다. 청중의 눈빛이 달라진다.

예화의 뜻을 알았다면 이제 어떤 종류의 예화가 청중을 진리의 말씀 앞으로 이끄는지 살펴보자. 강단에서 사용할 수 있는 설교 예화는 무궁무진하다. 설교자는 다양한 예화를 통해 청중의 마음을 열고 말씀의 양식을 먹일 수 있다. 어떤 종류의 예화를 사용할 수 있을까?

첫째, 성경 예화

성경은 다양하고 풍성한 예화 덩어리이다. 설교자가 예화를 사용할 때 성경으로 돌아가야 한다. 예화를 찾기 위해 성경을 읽는 것은 아니지만 성경 속에 예화가 보물처럼 숨겨져 있다. 쉬운 예를 들자면 잃어버린 양을 찾는 전도와 관련해서 '탕자의 비유'(탕자를 찾는 아버지의 비유)를 사용할 수 있다. 이웃에 대한 사랑에 대한 말씀으로 '선한 사마리아의 비유'를 활용할 수 있다. 설교자가 성경 속의 예화를 사용할 때 청중은 집중하게 된다. 평소에 들어왔고 잘 알고 있는 내용이기 때문에 청중이 관심을 가진다. 설교자 역시 안전하게 예화를 사용할 수 있다.

> "설교 가운데 성경에 나오는 예화를 사용하면 청중의 분위기가 달라진다. 성경 속의 예화는 은혜롭고, 또 반복해서 들어도 같은 예화를 사용한다는 거부감이 거의 없기 때문이다. 그러므로 설교자는 성경 속의 좋은 예화를 많이 발굴하고 활용해야 한다."[13]

성경의 예화를 사용할 때 뻔한 예화가 되지 않도록 해야 한다. 청중에게 신선함을 주기 위해 현대적인 색깔을 입히는 지혜가 필요하다.

둘째, 경험 예화

청중의 마음을 움직이는 것은 사람 냄새가 나는 경험 예화이다. 설교자 자신이 직접 또는 간접적으로 경험한 것을 예화로 사용하면 강단에 생기가 불어온다. 경험 예화의 장점은 강단에서 설교하고 있는 설교자가 강단 아래에 있는 청중과 다른 시대를 살아가는 사람이 아니라는 것이다.

> "자기 경험을 예화로 사용하면 설교자가 청중과 같은 세계에 사는 사람이란 것을 알려줄 수 있다. 예화의 가장 큰 재료는 사람 자체이

다. 사람에게는 삶이 있고 이야기가 있어서 깊이 있는 커뮤니케이션이 일어난다."[14]

경험 예화를 사용할 때 설교자 자신을 너무 부각하거나 영웅시하는 것을 조심해야 한다. 예화는 하나님보다, 설교 본문보다 높임을 받으면 안 된다.

셋째, 전기(傳記) 예화

전기(傳記) 예화는 한 개인의 활동이나 업적과 관련된 예화이다. 전기 예화는 본문의 메시지를 청중의 구체적인 삶 속에 적용하고 결단하게 할 때 도움이 된다.

우리가 잘 아는 예화가 있다. 사랑의 원자탄 손양원 목사의 전기, 일사각오의 주기철 목사의 전기 등이다. 이렇게 존경받고 인정받은 한 사람의 아름다운 삶의 경험을 통해 청중은 감동하게 된다. 주의할 점은 전기 예화를 사용할 때 그 인물에 대해 정확한 정보를 알고 소개해야 한다는 것이다. 특히 예화에 등장하는 인물이 확실한 실존 인물이라는 것을 자료를 통해 제시하면 더욱 호소력이 있다.

"3.1절이나 광복절에 애국심에 대한 내용을 설교할 때 설교 마지막에 한 애국자의 헌신적인 삶을 소개한다면 그 주장에 훨씬 더 힘이 생길 것이다. 그리고 그 애국자의 정확한 활동 시기와 나라에 대한 열정을 표현하는 몇 마디를 함께 소개한다면 피상적으로 애국애족을 부르는 내용보다 감명의 깊이가 훨씬 더해질 것이다."[15]

넷째, 역사 예화

역사적인 사건을 예화로 사용할 수 있다. 성경 속의 역사뿐 아니라 세상 역사 속에 있었던 사건을 예화로 사용한다면 들리는 설교를 위한 설교 예화로서 효과를 볼 수 있다. 특히 교회의 역사, 선교의 역사 가운데 예화 거리가 많다. 역사 예화를 사용할 때 주의할 것은 역사의 사건, 인물 등이 허구가 아니라 사실에 근거한 예화여야 한다는 것이다. 역사 예화가 옛날 구닥다리 이야기로 들리지 않으려면 설교자의 센스가 필요하다. 어떻게 하면 역사 예화를 오늘의 청중에게 잘 맞게 적용할 수 있을지 고민하면서 현대적인 언어로 역사의 인물과 사건을 소개해야 한다.

다섯째, 문학 예화

사람들은 문학 작품을 대하면서 인간 내면의 감정에 동화된다. 좋은 문학 작품은 인간의 삶에서 일어나는 실존과 삶의 모습 등을 잘 표현하고 있으므로 사람들이 감동한다. 설교자는 문학에 관심을 가져야 한다. 그러나 예화로 사용하기 위해서만 문학을 대하지 말아야 한다. 문학 작품을 통해 설교자 자신의 감성을 키울 수 있다. 또한 청중의 심정을 알아가고 공감하는 데 도움이 된다. 시, 소설, 에세이 등 동서양을 막론하고 다양한 작품을 통해 예화를 사용하려는 노력이 필요하다.[16]

여섯째, 실물 예화

실물 예화는 삶의 주변에서 쉽게 찾을 수 있다. 눈에 보이고 손에 잡히는 실물을 이용하여 설교를 빛나게 하는 예화이다. 특히 하나님께서 창조하신 자연 만물은 실물 예화로 잘 사용할 수 있다. 예수님도 자연 만물과 주변에서 일어나는 것을 관찰하여 예화로 사용하셨다. 찰스 스펄전은 자연에서 찾은 실물 예화를 다음과 같이 소개한다.

> "오늘 눈이 하얗게 내려 있어서 지저분한 땅이 온통 하얗고 아름답게 보입니다. 그저 겉모양의 개혁만을 추구하는 사람들이 그와 같습니다. 거룩해 보이고, 하늘에 속한 사람처럼 보이고, 성도들처럼 아주 순결해 보입니다. 하지만 시련의 태양이 떠오르고 유혹의 열기가 임하면 겉을 감싸고 있던 그 경건의 모습이 곧바로 녹아 버리고, 자기들의 검은 색깔이 그대로 드러나고 마는 것입니다."[16]

신성욱 교수는 '감사'라는 주제로 설교하면서 손양원 목사의 예화를 활용한다. 예화에 관계된 자료를 사진으로 찍어 청중에게 실제로 보여주면서 설교를 진행하였다. 사실 이 예화는 이동원 목사가 제일 먼저 사용한 예화로 알려졌는데, 신 교수는 예화 내용을 전달하는 것으로 끝내지 않고 예화와 관련된 자료를 실물로 사용하였다.

> "손양원 목사님은 여수반란 사건으로 인해 총살당한 두 아들의 장례식에서 하나님께 감사를 표현했습니다. 여기까지가 보통 우리가 알

고 있는 내용입니다. 그런데 여러분, 목사님은 감사헌금으로 1만 원을 드렸습니다. 당시 한 달 봉급이 80원이었으니까 자그마치 10년 치에 해당하는 사례금을 감사헌금으로 낸 것입니다."[17]

신 교수는 설교하면서 그 당시 1만 원 감사헌금 봉투를 사진으로 찍어서 실물로 보여주었다. 이 내용에 도전을 받는데 실제 눈으로 본 청중들이 받은 감동과 울림은 쉽게 잊히지 않았을 것이다.

앞에서 소개한 다양한 예화의 종류 외에도, 설교자는 과학, 심리학, 예술 등에서 좋은 예화를 발견하여 사용할 수 있다. 이렇게 다양한 종류의 예화를 파악하고 청중의 관심사와 필요에 따라서 예화를 선택하고 활용해야 한다.

03 예화는 청중을 움직이고 강단을 살린다

예화가 왜 필요한가? 예화는 설교에서 어떤 역할을 하는가? 적절한 예화는 설교를 살리고 강단을 새롭게 한다. 그런데 이런 예화를 왜 멀리하는가?

설교자의 역할은 일방적인 말씀의 선포에 있는 것이 아니다. 물론 선포 가운데 성령님이 직접 역사하신다. 설교자는 이 믿음이 있어야 사자와 같이 담대하게 설교할 수 있다. 그러나 설교자가 설교문을 만들어 선포하는 이유는 강단에서 청중과 의사소통, 즉 커뮤니케이션을 통해 청중에게 변화를 주기 위해서다.[18] 설교자는 맛있고 영양가 있는 좋은 양질의 말씀을 전해야 한다. 변화를 일으키는 생명력 있는 설교를 위해 설교의 여러 가지 요소를 고려해야 하지만 예화를 강조하고 싶다.

"많은 설교를 해야 하는 목회자는 누구나 훌륭한 예화의 힘을 알고 있다. 예화는 곰팡내가 나는 단조로움에 신선한 공기를 불어 넣고, 청중의 머리뿐만 아니라 가슴까지도 파고들어 진리를 삶에 적용하도록 도와준다."[19]

예화는 힘이 있다. 강단을 살리고 청중을 움직인다. 설교자는 청중에게 지성적인 말씀의 전달과 더불어 감정에 호소하고, 또 의지적인 실천을 동반하는 강력한 설교를 할 수 있어야 한다. 설교가 관념적이고 추상적일 때가 많다. 이때 적절한 예화를 사용하면 진리가 쉽게 다가오고 선명하게 보인다. 그러면 예화는 설교에서 어떤 역할을 할까?

첫째, 설교의 주제를 분명하게 하고 구체화시킨다.

들리는 설교의 첫 번째 요소는 설교의 주제이다. 아무리 은혜로운 말씀이라 할지라도 설교의 주제가 선명하지 않고 메시지가 명확하지 않다면 청중은 예배 집중에 실패한다. 예배를 마치고 집으로 돌아갈 때 빈손으로 가는 것같이 허전하다. 예화는 설교의 주제를 분명하게 하고 구체화시켜서 청중의 손에 메시지를 들려준다.

"성경의 진리는 지적인 부분뿐 아니라 감정과 의지 등 전인격에 호소하는데, 예화가 이 역할을 담당하여 추상적인 것을 실제적인 것으로 붙들어 매는 닻의 역할을 한다."[20]

설교 말씀이 실제로 살아 있게 다가오려면 설교의 주제가 분명해야한다. 너무 중요해서 계속 반복한다. 예화는 설교의 주제를 선명하게해서 청중의 가슴에 메시지가 안착되도록 한다. 설교자가 강단에서"서로 용서하며 살아갑시다"라는 설교 주제를 던졌다면 이 말은 성경에서 나오는 메시지가 맞지만 추상적인 명제이다. 단순히 이 말을 반복하는 것보다 우리 주위에 정말 용서를 실천하며 말씀대로 살아가고자하는 사람과 관련된 예화를 소개하는 것이 훨씬 더 메시지를 분명하게한다.

청중은 추상적인 개념을 듣고 바로 이해하여 적용하기에 어려움이있다. 청중을 무시하는 것이 아니다. 전달에 있어서 예화의 필요성을강조하는 것이다. 예화는 라디오에서 소리만 듣다가 TV의 영상을 보는것과 같다. 어떤 것이 정보 전달에 더 강력한가? 라디오의 음성을 통해정보를 듣고 감동하기도 하지만 시청각으로 다양하게 전해지는 TV의영상과 비교할 수 없다. 예화는 영상과 같이 이미지로 다가온다. 이미지가 남기는 인상은 강력하다.

둘째, 예화는 본문의 핵심 메시지를
청중이 잘 기억하도록 인상을 남긴다.

예화를 사용하면 설교를 듣는 청중이 설교의 메시지를 잘 기억하게된다. 말씀을 들은 것이 중요한 게 아니라 듣고 기억에 남아야 한다. 한국교회 강단의 현실은 예배를 마치고 나가는 성도가 방금 들은 설교의제목조차 쉽게 기억하지 못한다는 것이다. 들은 말씀이 마음에 남아야 한다. 청중은 자신에게 다가오지 않는 말씀은 기억하는 것이 아니라 스스로 지워버린다.

"포스트모던 시대의 현대인에게 있어 참지식이란 경험을 통해 습득된다는 점을 기억해야 한다. 무엇을 전달받았느냐보다 무엇을 체험했느냐가 더 중요하다. 아무리 훌륭한 이론과 틀이 제시된다 할지라도 자신과 직접적인 연관성이 없고 체험할 수 없다면 이는 무가치한 것으로 여겨져 삭제될 것이 분명하다."[21]

예화를 통해 청중이 본문의 메시지와 연관성을 갖게 되면 말씀을 기억하게 된다. 설교자는 말씀을 전한 것으로 그 소임을 다했다 하지 말고 청중이 메시지를 기억하게 만들어야 한다. 좋은 예화는 설교의 핵심 메시지를 기억하게 만든다. 최근 설교를 듣고 기억에 남는 메시지가 있는가? 예화를 통해 나에게 부딪혀 온 생명의 말씀이 마음에 담겨 있는가?

사실 말씀을 듣고 기억이 어려운 이유는 설교 언어의 한계성 때문이라고 할 수 있다. 언어 자체가 한계가 있으니 귀를 통해 들었다고 사람이 다 기억할 수 있는 것이 아니다. 이때 적절한 예화를 통해 그림 그려주듯이 전달하면 메시지를 기억하고 청중의 가슴에 말씀이 남는다. 이야기나 비유나 통계, 인용문 등과 함께 진리를 실감 나게 설명하면 그 진리는 더 분명하고 오래 기억이 된다.

셋째, 예화는 설교를 흥미 있게 해서
청중의 주의를 집중하게 한다.

청중이 예배에서 설교에 집중 못 하는 이유는 청중에게만 있지 않다. 어떤 설교자가 청중에게 호통치는 모습을 보았다.

"왜 예배 중에 졸고 있나요!"

"딴짓하지 마세요!"

"설교를 듣고 있기는 합니까!"

진리를 지루하고 딱딱하게 전달하는 방식에 그 문제가 있다. 적절한 예화를 통해 주의 집중하게 하고 설교에 흥미를 주어 말씀 앞으로 청중을 이끄는 것이 설교자의 책무이다.

설교자는 청중이 말씀에 반응하도록 열심히 기도해야 한다. 기도뿐 아니라 적절하고 좋은 예화를 발굴하고 전달하는 노력도 필요하다. 지금은 영상문화가 지배하는 시대이다. 청중의 마음과 시선을 빼앗아가는 경쟁자가 즐비하다. 설교에서 흥미를 절대적인 자리에 두어서는 안 되지만 전달에 있어서 흥미의 요소가 필요하다.

설교 현장에서 말씀을 전하는 경험을 하면 할수록 깨닫는 것이 있다. 청중의 닫힌 마음을 설교자가 열어주면 청중은 말씀을 잘 먹는다는 사실이다. 청중 스스로가 처음부터 마음을 열기는 쉽지 않다. 예화를 통해 마음을 열고 말씀을 통하여 하나님을 만나게 하는 것, 이것이 설교자의 역할이다. 특히 설교의 흐름을 방해하지 않는 범위 안에서의 유머 사용도 말씀의 집중도를 높인다.

"예화를 통해서 유머를 사용하는 설교자들은 재미에 효용성을 가미하여 청중의 동의를 얻어 공감대를 형성할 수 있다. 즉 청중 중 일부가 침울해 있거나 지루해하거나 졸고 있을 때 재미있는 예화로 이들에게 생기를 불어넣을 수 있다. 이에 기분이 전환된 청중이 심오하고 유용한 말씀에 귀를 기울이게 된다."[22]

넷째, 예화는 설교의 주제를 청중의 삶에 적용하고
실천할 수 있게 하는 다리가 된다.

설교의 목적은 정보 전달이나 청중을 웃기고 울리는 것에 있지 않다. 청중이 말씀을 듣고 변화를 경험하는 것이 설교의 궁극적인 목적이다.[23] 변화를 위해서는 말씀이 청중에게 적용되어야 한다. '아, 오늘 목사님의 설교가 하나님이 나에게 주시는 생생한 하나님의 말씀이구나!'라는 탄성이 있어야 한다. 예화가 이런 역할을 한다. 예화는 말씀과 청중의 삶을 연결하는 다리이다.

"예화는 성경의 진리를 모든 사람이 동감하는 상황에서 보여주기 때문에 성경의 진리와 인간의 경험을 연결해준다. 그렇게 함으로써 말씀을 이해하기 쉽고 적용하기 쉬우며 현실적인 것으로 만들어준다."[24]

몇 년 전에 한국을 방문한 브라이언 채플(Bryan Chapell)은 인터뷰에서 이렇게 말했다.

"예화는 청중에게 동기를 부여하고 말씀의 진리를 삶에 적용할 수 있게 한다. 예화는 적용을 위한 것이지, 그저 설명을 더 잘하기 위한 웃긴 농담 같은 이야기가 되어서는 안 된다. 예화의 주된 목적은 사람이 살아가는 일상에서 이 메시지가 실제 어떻게 적용되는지에 대한 사례를 설명하는 것이다."[25]

예화는 말씀의 적용을 위해 강력한 힘을 발휘한다. 그런데 정작 설교를 듣고도 청중이 말씀을 삶에 적용하지 못하는 경우가 많다. 청중이 적용 못 하는 이유를 생각해 보았다.

첫째, 말씀의 의미를 제대로 파악하지 못해서다. 둘째, 말씀을 듣고 말씀을 실천하려는 의지가 없다. 셋째, 설교 말씀은 다 맞는 말이지만 "지금 나와는 상관이 없다"라는 식으로 핑계하며 도망친다. 이런 여러 이유로 인해 적용이 쉽지 않다. 이때 예화가 강력하게 등장해야 한다.

"예화는 감정을 건드린다. 감정은 의지에 영향을 준다. 머리로는 확신했다고 할지라도 사람은 결정하기 전에 감정이 움직여야만 행한다. 사람들은 감정을 통해 설교를 느끼고 그것을 받아들이기로 결정한다."[26]

설교에서 예화 사용과 적용에 대한 권성수 목사의 설명을 들어보자.

"본문을 설명한 후에 적용을 위해서 예화를 사용해야 한다. '누가 그 말씀대로 살아서 이렇게 잘되었다' 라는 예화가 필요한 것이다. 예화는 설교자의 이야기도 아니고 회중의 이야기도 아닌 남의 이야기이다. 그러나 남의 이야기가 본문을 나의 삶에 적용하는 데 도움이 되는 것이다. 설교자가 예화를 통해서 남의 이야기를 한 다음, 적용을 통해서 회중 한 사람 한 사람에게 나의 이야기가 되게 해야 한다."[27]

예화의 역할이 무엇인가?[28] 정리하면 예화는 청중이 말씀을 잘 듣고 깨닫고 기억하며 적용하도록 도움을 준다.

하나님께서 설교자에게 강단에서 예화를 사용할 수 있는 특권을 주신 것이 감사하다. 예수님은 하늘의 진리를 예화로 전달하셨다. 예수님께서 예화를 사용하셨다면 당연히 오늘날 설교자도 예화를 사용할 수 있다. 잘 사용하고 바르게 활용하자.

예화는 설교 전달에서 중요한 위치에 있다. 그럼에도 예화는 설교의 주인공이 아니라 설교를 섬기는 종(servant)과 같다. 설교자는 목적 없이 그저 공간 채우기식으로 예화를 사용해서는 안 된다. 예화를 통해 어떤 목적을 얻으려는지 분명해야 한다.

다시 말하지만 아무리 예화가 좋고 필요하다고 해도 무턱대고 사용할 수는 없다. 예화는 목적에 맞는 적당한 위치에 있을 때 그 효과를 발휘할 수 있다. 단순히 청중의 귀를 즐겁게 하려고 사용하거나 설교자가 설교를 잘한다는 인기를 얻기 위해서 예화를 사용해서는 안 된다. 예화는 무대에서 화려한 스포트라이트를 받는 주인공이 아니다. 강해설교의 대가인 마틴 로이드 존스(D. M. Lloyd Jones)는 이렇게 말한다.

"예화는 설교의 하녀와 같다. 만약 하녀가 자기 위치를 떠나서 주인 마님과 같은 대우를 받게 될 때 설교의 매춘 행위가 일어난다."[29]

설교 전달에 있어서 핵심은 설교의 주제이고 본문 메시지이다. 예화 자체가 아니다. 예화는 자기 분수를 알아야 한다. 아무리 청중의 눈물을 쏙 빼는 예화라 할지라도 사실 이것도 좋은 것은 아니다. 본문의 메시지와 설교의 주제와 상관이 없으면 그 예화는 버려야 한다. 예화가 너무 강렬한 인상을 주어서 성경 본문을 삼키지 않도록 해야 한다. 청중은 예화가 아니라 본문 메시지의 지배를 받아야 한다. 그러므로 예화의 위치가 중요하다.

"예화와 예증은 진리를 밝혀주는 데만 목적이 있는 것이지, 그 자체에 무엇이 있어서가 아니다. 자기들이 우연히 들었거나 어느 책에서 읽은 굉장한 예화를 이야기하기 위해서 설교를 준비하는 사람이 많다. 예화가 첫째이고 그다음에 그것을 뒷받침할 하나의 본문을 찾는다. 다시 말해 예화가 그 일의 심장이 되어버린 것이다. 그러나 이것은 그릇된 순서이다."[30]

예화는 주인공이 아니다. 설교의 주제와 본문 메시지가 주인공이다. 더 나아가 설교의 주제와 본문 메시지가 지향하는 예수 그리스도가 강단의 주인공이 되어야 한다. 예화는 예화로서 자기 자리를 지켜야 한다. 자기 역할을 하고 조용히 무대 뒤로 사라져야 한다.

설교자가 설교를 통해 청중에게 은혜를 주려는 마음이 지나쳐서 설교 한 번으로 청중을 완전히 뒤집어 놓으려는 생각으로 예화에만 집착하면 안 된다. 예화는 설교자의 인기를 위해 존재하는 것이 아니다. 예화를 위한 예화를 사용하게 되면 설교자가 너무 가벼워 보인다. 이런 설교자가 강단에 서면 청중은 말씀의 양식이 아니라 예화로 배를 채우게 된다. 이것은 강단의 비극이다.

모든 설교자는 예화 사용에 있어서 세례 요한의 모습을 본받아야 한다고 생각한다. 세례 요한이 예수 그리스도의 길을 예비하고 그 길을 평탄하게 하는 역할을 했듯이 예화는 설교의 중심 주제를 빛나게 하고 가치 있게 하는 위치에 있어야 한다. "그는 흥하여야 하겠고 나는 쇠하여야 하리라 하니라"(요 3:30). 설교 주제와 본문 메시지는 흥하고 예화는 쇠하여야 한다. 예화를 주인공으로 만들지 말고 설교를 위해 쓰임받는 행복한 종이 되게 해야 한다.

05 잘 수집된 예화가 좋은 강단을 만든다

적절한 예화가 강단을 살리고 청중을 말씀으로 움직이는 효자 노릇을 한다. 적절하면서 좋은 예화는 어디에 있는가? 예화가 하늘에서 떨어지는 것은 아니다. 기도를 많이 한다고 해서 예화가 자동으로 만들어지는 것도 아니다. 물론 기도하면 성령님께서 좋은 예화를 만들고 찾을 지혜를 주신다. 그러나 설교자는 부지런해야 한다. 하나님의 말씀인 성경에서, 우리가 살아가는 삶의 현장에서 다양한 예화를 찾고 만드는 일에 열심을 내야 한다.

"설교자는 어거스틴의 조언에 귀를 기울여야 한다. 어거스틴은 수사학을 거부하는 설교자는 무기를 거부하는 군인과 같다고 말했다. 말씀의 품위를 떨어트릴 수 있는 방법론이라면 지혜롭게 거절할 것이다. 그러나 설교의 품위를 떨어트리지 않으면서도 메시지를 효과적으로 전달할 방법이라면 설교자는 그 또한 하나님의 일반은총으로 알고 적극 활용해야 한다."[31]

강단을 살리고 청중을 말씀으로 움직이는 적절한 예화를 어떻게 찾고 발굴할 것인가?

첫째, 성경에서 찾으라.

성경은 설교 예화를 위한 자료를 무한으로 제공해준다. 성경은 많은 이야기로 가득 차 있다. 성경은 예화의 보물창고와 같다. 성경에 있는 이야기와 사건을 예화로 사용하면 일단 설교자에게 안전하다. 말씀 속에 있는 이야기이기 때문이다. 그리고 근거가 확실하다.

"성경의 예화는 메시지에 권위를 더해주고 대부분의 사람에게 친숙하다. 성경 인물은 모든 종류의 행동과 태도의 거울이 되어 설교자가 설교하고자 하는 인생의 결단에 대해 선악 간의 결과를 예증해준다."[32]

눈을 크게 뜨고 성경 속에서 예화를 찾으라. 그런데 성경 예화를 사용할 때 생각해야 할 것이 있다. 청중 가운데 초신자가 있을 수 있다. 또한 교회 문화에 익숙하지 않은 성도가 있을 수도 있다. 이럴 때는 성경 예화가 오히려 역효과를 낼 수 있다는 점이다. 초신자나 교회에 처음으로 발을 내디딘 사람은 성경 자체를 잘 모르기 때문이다. 성경 예화를 사용할 때 설교자는 예로 드는 성경의 이야기나 사건과 인물에 대해 청중이 알기 쉽도록 전해야 한다.

성경에서 예화를 찾는 설교자는 단순히 예화를 찾기 위해서 성경을 펴지 말아야 한다. 이것은 하나님의 말씀, 성경에 대한 예의가 아니다. 하나님의 보물 창고인 성경에서 예화를 찾고 활용해서 강단에 말씀이 풍성하게 하자.

둘째, 독서를 통해 다양한 책에서 찾으라.

설교자는 독서를 통해서 예화를 찾을 수 있다. 설교자는 독서가이다. 독서하면서 묵상하고 연구하는 것이 설교자의 우선적 삶의 태도가 되어야 한다. 목사는 3가지 방을 즐겨 찾아야 한다는 선배들의 조언이 떠오른다. 성도들을 찾아가는 '심방', 기도하기 위한 '골방', 독서를 위한 '책방' 또는 '공부방' 이다. 골방과 책방에서 기도와 묵상과 연구로 좋은 설교자가 만들어진다.

"가장 좋은 예화란 독서와 관찰을 통해서 자연스럽게 얻어진 예화이다. 설교자 자신이 예화 편집자가 되어야 한다. 전기나 자서전, 설교집, 신앙 서적, 수필집, 소설, 우화집 등 책을 광범위하게 읽어야 한다."[33]

설교자는 의도적으로 책 읽는 시간을 내야 하지만 때로는 집이나 사무실에 시선과 손이 자주 가는 곳에 책을 비치해 두고 자연스럽게 읽어야 한다. 설교자는 아무리 바빠도 손에서 책을 놓지 말아야 한다. 그런데 책을 가까이하기에는 목회 현실이 만만치 않다. 담임목사는 담임목사대로, 부교역자는 부교역자대로 분주하다. 설교자에게는 독서를 위한 시간 관리의 지혜가 필요하다.

이에 대해 존 스토트(John R. W. Stott) 목사는 목회자의 현실적인 독서생활을 다음과 같이 조언한다.

> "목회자는 영적인 리더로서 하루에 1시간은 시간을 내어 독서해야 한다. 그리고 일주일에 한 번 정도는 3~4시간 집중적으로 독서하는 시간이 필요하다. 한 주에 10시간가량 시간을 내어야 한다. 이것이 목회자의 독서생활에 대한 합리적인 목표이다."[34]

독서와 관련해서 설교자는 신문이나 잡지를 가까이해야 한다. 신문, 잡지를 통해 예화를 찾을 때 사람과 관련된 이야기에 주목해야 한다. 신문, 잡지에는 우리와 똑같은 이웃의 삶이 솔직 담백하게 담겨 있기 때문이다. 신문은 정치, 경제, 사회, 문화 등 모든 분야의 정보와 기사를 담고 있어서 예화 활용에 도움이 된다. 다만 설교자가 예화를 소개할 때 어느 특정 신문을 밝히고 공개하면서까지 예화를 말할 필요는 없다고 생각한다. 어느 신문에서 보았다고 하면서 이야기를 자연스럽게 끌어가면 된다. 굳이 특정 신문사의 이름을 거론한다면 청중 가운데 자기가 선호하는 특정 신문이 있어서 오히려 설교자에 대한 반감이 생길 수 있다. 설교는 예민한 문제이다.

요즘은 인터넷을 통해서 무궁무진한 예화를 접할 수 있다. 인터넷은 설교에 도움이 되는 여러 자료를 제공하는 바다와 같다. 단 선별해서 사용해야 한다. 특히 어떤 정보나 사건이 머릿속에서 어렴풋이 생각은 나는데 확실하지 않을 때 인터넷에서 빠르게 찾을 수 있다. 예화와 관련해서 받았던 질문이 있다. "목사님, 좋은 예화를 찾는 비결이 있습니까?" 비결이 있다. 독서이다. 읽고 또 읽어야 한다.[35]

셋째, 개인의 경험에서 찾으라.

설교자는 일상에서 일어나는 다양한 사건과 경험 가운데 예화를 찾을 수 있다. 자기 이야기를 들려줌으로써 청중과 교감이 일어난다. 설교자가 딴 세상 사람이 아니라 청중처럼 똑같이 울고 웃고 고민하는 살아 있는 사람임을 보여줄 수 있다. 개인의 경험을 예화로 사용할 때 주의가 많이 필요하다. 자기 경험이 거짓말이거나 허구가 아니어야 한다. 내가 겪고 체험한 일을 말해야 한다. 또한 설교자가 자기 이야기를 할 때 설교자 자신이 너무 드러나거나 영웅처럼 묘사되지 않도록 해야 한다. 설교자의 교만이 묻어나는 예화가 되어서는 안 된다.

> "예화를 제시하면서 자기 자신, 자녀, 취미, 애완견, 휴가, 질병, 병역, 운동 경력 등에 대해서 너무 자주 언급하지 말라. 하나님께 영광 돌리는 훌륭한 결과를 얻기 원한다면 예화에서 자신이 영웅이 되어서는 안 된다."[36]

자기 이야기를 할 때 설교자 인격의 중요성을 고려해야 한다.[37] 청중이 설교자를 신뢰하는 상황에서 설교자가 자기 이야기를 예화로 사용하면 설교 전달의 효과를 거둘 수 있다. 반대로 청중에게 신뢰를 잃어 설교자에 대한 반감이 있는 상황에서 자기 이야기를 하면 청중은 설교자의 이야기를 호의적으로 듣지 않는다. 오히려 말씀 자체에 귀를 닫을 수가 있다. 한국 정서는 더욱 그러하다.

어떤 설교자는 설교할 때마다 자기 가족 이야기를 한다. 어린 자녀 키우는 이야기를 빼지 않고 한다. 청중은 그 설교자가 강단에 서면 "애들 키우는 이야기를 또 하겠네"라며 불편해한다. 설교자도 가족 이야기를 할 수 있다. 자녀를 키우면서 일어나는 에피소드를 가지고 예화로 사용할 수도 있다. 그러나 설교할 때마다 목회자의 가정과 자녀에 대해서 매번 시시콜콜하게 말해야 하는가?

> "설교자의 가정에서 일어나는 일 가운데 공개적인 예화로 쓸 수 있는 것과 없는 것이 있다. 공개적인 예화로 쓸 수 없는 것은 각색하여 제삼자의 예화로 만들고 언어나 상황을 다듬어서 예화로 써야 한다."[38]

삶의 모든 경험이 예화가 될 수 있다. 단 자신의 이야기를 할 때 설교자를 영웅시하지 않게 하고 개인의 사적인 예화를 상식선에서 사용하는 지혜가 필요하다.

<u>넷째, 예화를 찾지만 말고 직접 만들어라.</u>

설교자는 예화를 직접 만들어서 사용할 수 있다. 예화를 찾거나 만들기 위해서 예화를 찾겠다는 열린 마음, 집중력, 관찰력이 필요하다. 설교자의 눈과 귀는 언제나 삶에서 일어나는 일에 대해 열려 있어야 하고 예리해야 한다.

> "설교자가 대형 도서관을 소유할 수는 없다. 하지만 설교자 주변에서 일어나는 사건을 읽을 수는 있다. 설교자는 눈과 귀를 사용하여 가장 훌륭한 예화를 발견하기 위해 인생을 관찰해야 한다."[39]

설교자가 삶에서 일어나는 모든 일이 예화의 자료가 된다는 것을 안다면 예화가 부족해서 설교를 못 한다고 말할 수 없다. 일상생활에서 예화를 찾는 집중력과 열린 마음이 있어야 한다.

> "사람들의 행동과 상호작용을 세심하게 관찰하라. 문화 속에 일어나고 있는 것에 접촉하라. TV를 시청하라. 베스트셀러 목록에 들어있는 책과 뉴스, 잡지를 읽으라. 신문에서 영화 평론을 읽으라. 십대들이 부르는 노래를 들어보라. 시나 노래에서 예화를 찾으라."[40]

설교 예화를 찾기 위해 대중문화에 관심을 두고 영화를 보라는 말이 불편하게 들리는 설교자가 있는가? 청중은 설교자인 목회자에게 대중문화에 대한 전문가가 되기를 바라지 않는다. 설교자가 최소한 청중이 살고 있는 이 세상에 대해 관심을 가지고 있고, 성도들이 어떻게 살고 있으며, 어떤 관심사가 있는지 정도만이라도 알아주기를 바란다. 이런 의미에서 설교자는 청중의 삶을 깊이 보아야 한다.

"본문의 주제를 생각하면서 신문이나 잡지, 기타 여러 방면의 책이나 자료, 대담도 참조해야 한다. 본문의 주제와 관련해서 사람들의 삶을 살피되 특별히 교인의 삶을 살피는 것이 중요하다. 본문 말씀을 예증하고 교인의 생활 속에 적용하기 위해서는 교인의 삶을 살펴야 한다."[41]

설교자는 예화를 찾을 뿐 아니라 직접 예화를 만들어서 사용할 수 있다. 삶의 현장에서 다양한 방식으로 경험하는 일을 그냥 넘어가지 말라. 크고 작은 경험 속에서 예화를 만들 수 있다. 경험적인 사건이 나의 사건으로 다가오면 묵상하고 상상력을 동원해야 한다. 하나의 이야기를 만들고 여기에 성경적인 의미를 담아 예화를 만들면 된다.

예화를 만드는 것과 관련해서 방선기 목사의 아이디어를 참고해보자. 방선기 목사는 '관찰 일기'를 통해 예화를 수집하고 예화를 만들 수 있다고 제안한다.

"관찰 일기는 어떻게 작성하는가? 첫째, 말 그대로 '관찰'한다. 먼저 보는 것이다. 둘째, 본 내용을 쓰고 난 다음에 생각을 한다. 그래서 느껴지는 것을 적는다. 이것을 '묵상'이라고 한다. 셋째, 그 사건과 느낌에서 '하나님의 교훈'을 깨닫는다. 넷째, 나의 생활에 그 생각과 말씀을 '적용'한다."[42]

'관찰, 묵상, 교훈 찾기, 적용'을 통한 관찰 일기를 쓰면 이것은 단순한 예화집이 아니다. 설교자가 창조해 낸 살아 있는 작품이 된다.

다음의 두 가지 방식으로 예화를 만들 수 있다.

하나, 함께 사역하는 목회자들과 함께 한 주간 동안 한두 개의 좋은 예화를 찾거나 만들어 공유하는 미션을 가져본다. 적절한 예화를 찾거나 만들어서 본문과 연결하고 주제를 덧붙여 함께 모여 예화와 더불어 말씀을 나누는 시간을 갖는다. 모두가 동시에 이런 예화를 사용할 수 없지만 저장해 두었다가 다음 기회에 사용할 수 있다.

둘, 기독교 서적이든지 일반 서적이든지 책 한 권을 사서 그 책 안에서 예화 자료를 찾는 것이다. 이야기, 인용, 통계, 비유, 사건 등 예화가 될 만한 자료를 찾아서 주제와 함께 정리한다. 가능하면 설교 본문과 연결시켜 둔다. 예화 찾기를 위한 실용적인 독서법이다. 책 한 권 값이 2만 원이라면 적절한 예화 2~3개만 발견해도 본전을 뽑은 것이다.

설교자는 무엇보다 설교를 위하여 끊임없이 지각(知覺)하는 사고방식을 키워야 한다.

다섯째, 예화를 잘 보관하고 관리하라.

설교를 위해 쓰임받는 적절한 예화는 너무 소중하다. 이런 예화를 그냥 둘 수 없다. 잘 보관하고 관리해야 한다. 돈만 저축하는 것이 아니다. 책만 모아두는 것이 아니다. 예화를 저축해야 한다. 나는 다음의 3가지 방식으로 예화를 정리하고 보관한다.

컴퓨터 바탕화면 폴더에 3가지 카테고리를 만든다. 첫째는 '가나다라' 순서로 분류하고, 둘째는 '주제별'로 분류하며, 셋째는 '성경책별' 분류이다. 가나다라 순서로 분류하면 기도, 가정, 교회 등과 같이 가나다라 순으로 항목을 가지고 분류하여 해당 예화를 저장한다. 그리고 주제별 분류는 믿음, 기도, 순종, 사랑, 고난과 같은 성경의 핵심 주제이다. 성경책별 분류는 창세기, 출애굽기, 마태복음 등 성경과 관련된 예화를 따로 모아 정리하는 것이다. 예화 관리를 잘해두면 나중에 설교를 위해 필요할 때 효율적으로 사용할 수 있다.

"체계적으로 정리한 예화는 필요할 때 즉시 사용이 가능하다는 것과 설교자의 시간을 덜어준다는 큰 장점이 있다. 예화 수집의 효과적인 방법 가운데 하나를 제시하면 파일을 50개 정도 준비한다. 기독교와 관련된 중요한 주제를 하나씩 기록해 둔다. 하나님, 예수님, 성령님, 믿음, 소망, 사랑, 기도, 감사, 헌신, 교회, 가정, 선교, 전도, 부활, 십자가, 봉사, 헌금 등의 주제를 적어두고 예화가 발견될 때마다 정리해 둔다. 책이면 간단하게 내용을 적어두면 되고 신문이나 잡지에서 발견한 이야기이면 오려서 보관한다.

TV나 라디오, 혹은 다른 사람과의 대화에서 발견한 것이면 간단하게 메모해 둘 수 있다. 특히 자기 삶 속에서 체험한 것을 예화로 사용하는 것은 매우 효과적이다. 생각이 떠오를 때마다 기록해 두는 습관이 필요하다. 이런 식으로 4~5년 예화를 수집하는 훈련을 하면 다양한 주제에 알맞은 예화를 적절한 때에 찾을 수 있다."[43]

예화를 찾고 만들고 보관하는 과정은 설교의 중요한 부분이다. 그러나 예화를 발견했다고 또 예화를 보관하고 있다고 해서 좋은 설교가 완성되는 것은 아니다. 구슬이 서 말이라도 꿰어야 보배이듯 예화를 실제로 설교에 활용할 수 있어야 한다. 예화를 발견하거나 만들게 되면 관련된 성경 본문과 함께 정리해 두어야 한다. 예화를 기록하고 관련 말씀을 찾아 정리한다. 설교자의 느낌, 강조점까지 기록한다. 마지막으로 설교 주제까지 덧붙이면 적절한 예화가 만들어진 것이다.

추가로 하고 싶은 말이 있다. 예화집에 있는 예화를 쉽게 사용하지 말라는 것이다. 많은 경우 예화집의 예화는 식상하고 죽은 예화이다.

"시중에 유통되는 예화집 속의 이야기들은 대부분 자료 출처가 불분명하고, 그 내용에 대한 사실 여부도 확인할 수 없는 것이기에 사용하기가 매우 조심스럽다. 예화집에서 인용한 예화가 예술, 과학, 역사 등 특정 분야의 것이라고 할 때 교인들 중에 전문가가 있다면 그 오류를 지적받을 수밖에 없고, 그렇게 되면 설교자의 권위는 떨어지고 만다."[44]

탁월한 설교자였던 워렌 위어스비(Warren W. Wiersbe)는 예화집 사용에 대해 단호하게 말한다.

"예화집을 멀리하라. 그 속의 이야기들은 오래되었고, 어떤 것은 부정확하며, 다른 설교자들이 사용하고 있을 수도 있다. 명예롭게 유명을 달리해야 할 진부한 예화가 수없이 많은데도 불구하고 그것들이 끊임없이 책과 설교에 등장한다. 이런 예화가 설교에 등장하지 않도록 하고 독창성을 견지하기 위해 노력해야 한다."[45]

예화집을 사서 예화를 찾는 것에 에너지를 쓰기보다 폭넓은 독서를 하고 좋은 경험을 하는 것이 더 유익하다. 좋은 예화를 사용하기 위해 눈을 크게 뜨고 관찰하고, 마음을 열고 체험하며, 부지런히 독서하자. 적절한 예화를 찾고 만들어서 청중의 변화를 위해 소중하게 사용하자. 강단이 분명 달라질 것이다.

"성도들이
교회 오는 길을
행복하게 해주 책!"

PART 02

설교를 망치려면
이런 예화를 사용하라

● ● ● ● ●

지금 당장 적절한 예화를 설교에 사용하고 싶다. 설교에 맛을 더하고 강단을 살리는 예화가 너무 귀하다. 예화가 사람이라면 머리를 쓰다듬어 칭찬해주고 싶다. 하지만 잠시 멈추고 생각해야 한다.

예화 때문에 설교가 살기도 하고 죽기도 한다. 청중의 귀를 닫게 하고 말씀으로부터 멀어지게 만드는 예화가 있다. 부적절한 한 개의 예화가 설교 전체를 망치게 한다. 이런 예화는 버려야 한다. 설교에 대해 배워가며 설교를 시작하는 설교자는 처음부터 이런 예화를 가까이해서는 안 된다.

여기서 소개하는 예화의 실례는 우리 설교자들이 반면교사로 삼으면 된다. 특정인에 대한 비판이 아님을 알아주길 바란다.

거짓되고 과장된 예화는 자격이 없다

요즘 가짜 뉴스가 세상을 시끄럽게 하고 있다. 가짜 뉴스는 뉴스로서 자격이 없다. 예화도 마찬가지다. 진리를 선포하는 설교자가 거짓예화나 지나치게 과장된 예화를 쓴다면 청중은 예화만이 아니라 설교자의 진실성에 대해 의문을 품는다. 잘못된 예화 사용으로 인해 설교자가 공격받고 진리의 말씀이 훼손당하는 어리석음을 범하지 말아야한다.

설교자의 생명은 진실성이다. 예화 사용에 이 원칙이 들어가야 한다. 특히 전달의 효과성을 위해 어떤 정보에 대한 통계나 인용문을 사용할 때 설교자는 대충 말하지 말고 확인하고 사용해야 한다. 사실성이왜 중요한가? 사실성이 있을 때 설득력이 있기 때문이다.

"설교에서 예화나 비유나 통계의 내용이 틀린 경우가 있는데 이것은 설교에 있어서 치명적이다. 성도 가운데 그 부분에 대해서 알고 있는 사람이 있을 수 있다. 다른 사람이 사용한 보조자료를 다시 사용하려면 확인 과정을 거쳐야 한다. 또한 보조자료는 청중이 믿을 수 있는 공신력이 있는 사람이나 기관으로부터 구하고 출처를 밝혀야 한다."[46]

정확하지 않거나 진실하지 못한 예화는 사용하지 말아야 한다. 아무리 감동적이라 해도 거짓이 들통나면 청중은 설교자를 신임하지 않는다. 이것은 설교 전체에 부정적인 영향을 준다.[47] 남의 경험을 예화로 사용할 경우 자신이 경험한 것처럼 말해서는 안 된다. 그때에는 다른 사람의 경험과 이야기인 것을 밝혀주어야 한다.

"청중에게 불확실한 사실 또는 사실이 아닌 이야기를 한다는 것은 설교자의 진실성을 위협하게 만드는 것이다. 설교자가 다른 사람의 좋은 예화를 발견했다면 그것을 설교자 자신이 겪은 일처럼 말해서는 안 된다. 누구의 경험인지 정확히 밝혀도 그것은 여전히 효과가 있다."[48]

설교자는 진실성이 없고 과장 된 예화를 사용하여 설교자의 진가를 떨어뜨릴 필요가 없다. 이런 예화가 보이면 멀리해야 한다.

빌 휘태커(Bill Whitaker)는 진실성이 떨어지는 예화를 소개한다.

어떤 설교자가 어머니날 설교에서 다음과 같은 예화를 사용하였다. 어린 아기를 급습하여 높은 절벽 틈새에 내려놓은 독수리에 관한 이야기이다. 설교자는 건장한 남자들도 어린아이를 찾아올 수 없었던 위험한 산맥을 어머니가 오직 사랑의 힘으로 자기 아이를 구하기 위해 인내하며 올라갔다는 내용을 전했다.

이 이야기는 합리적으로 들리는가? 설교자는 "저는 이 이야기가 사실인지 아닌지 잘 모르겠지만 이 예화는 어머니의 사랑을 잘 설명해 줍니다"라고 말했다. 그런데 이것은 설교자가 분명히 마음에 의구심을 품고 있다는 것을 표현한 것이다. 그 이야기는 꾸며낸 이야기처럼 들렸다.[49]

다음에 소개하는 예화는 목회자들에게 잘 알려진 단골 예화이다. J 목사는 히스기야 왕의 기도가 응답을 확신하는 믿음의 기도였다고 설교하면서 예화를 사용한다.

어느 곳에 교회와 술집이 나란히 있었다고 합니다. 그 술집 때문에 항상 예배에 방해를 받았습니다. 교회에 오는 길에 "놀다 가세요" 하며 유혹의 손길을 뻗어오기도 했고, 노출이 심한 접대부들의 옷차림은 보기에도 민망했습니다. 그래서 교인들은 매일 모여서 철야 기도를 하기로 했습니다.

"저 술집, 망하게 해주세요."

그런데 얼마 후 진짜로 그 술집에 불이 나서 가게가 망했습니다. 성도들은 "할렐루야. 아멘" 하면서 기도의 응답이라고 기뻐했습니다. 그런데 문제가 생겼습니다. 그 술집 주인이 법원에 고소한 것입니다. 이유인즉 "교회에서 매일 망하게 해달라고 기도해서 망했다"라는 것입니다.

재판관이 술집 주인에게 물었습니다.

"고소 사유가 뭡니까?"

"저 교회가 매일 우리 술집 망하게 해달라고 기도해서 망했습니다. 그래서 손해배상을 청구하는 것입니다."

그때 옆에 있던 목사가 말했습니다.

"기도한다고 불이 납니까?"

물론 지어낸 이야기겠지만 과연 누가 더 믿음이 좋은가요? 술집 주인입니까? 목사입니까?[50]

기도 응답의 확신을 강조하는 설교 주제에 맞는 적절한 예화이다. 그런데 예화를 말하면서 "물론 지어낸 이야기겠지만…"이라고 덧붙이면서 확인도 하지 않고 지어낸 이야기라고 밝힌다. 거짓말이라고 할 수 없지만 사실성과 진실성이 모자란 예화이다.

J 목사는 전도의 중요성을 강조하는 설교를 하면서 비행기 여행에서 본인이 경험한 일을 예화로 사용한다.

저는 비행기 여행을 많이 하기 때문에 비행기를 탈 때마다 전도하기로 결심합니다. 한번은 제가 미국으로 가는 비행기 안에서 하나님께 "아버지여, 성령으로 역사해서 전도하게 해주시옵소서"라고 기도하였습니다. 그러자 그날은 비행기 안의 온 승무원이 다 모여 와서 예수 그리스도의 복음을 듣고 회심하는 역사가 일어났습니다. 저는 미국에 도착하기 전까지 그들을 안수해 주느라고 정신이 없었습니다. 개인 문제, 가정 문제, 생활 문제, 결혼 문제 할 것 없이 온갖 문제를 가지고 나와서 이를 위해 기도해주고 나니 어느덧 비행기가 미국에 도착해 있었습니다. 이처럼 남을 도와주다 보니 시간 가는 줄도 모르고 그렇게 보람 있고 좋을 수가 없었습니다.[51]

감동적인 예화이다. 설교자에 대한 존경심이 드는 예화이다. 청중이 전도에 대한 도전을 받는 예화이다. 그런데 모든 승무원이 다 모여 왔고, 또 한국에서 미국으로 가는 긴 비행시간 동안 안수기도를 해주었다는 사실에 대해 어느 정도 허구성과 과장이 보이는 것 같다.

예화 사용에 있어서 사실성은 예화의 생명과 같다. 강단을 망치는 예화는 거짓되고 과장된 예화이다. 예화를 인용할 때 출처를 분명히 하고 예화 자체의 흥미와 관심을 위하여 내용을 과장하지 않도록 해야 한다. 진실하신 하나님을 증거하는 설교자는 진실해야 한다.

02 예화가 길고 많으면 지루하다

설교의 주객전도(主客顚倒) 현상이 있다. 설교 본문이 주인이고 예화가 손님과 같은 위치에 있어야 바른 설교인데, 예화가 주인이 되고 본문이 손님으로 바뀌어 버리는 경우이다. 설교자는 본문의 메시지를 전하기 위해 강단에 서는 것이지, 예화를 소개하기 위해 강단에 올라가는 것이 아니다. 예화의 길이와 예화의 개수가 적절해야 한다.

30~40분 정도 하는 설교 시간 가운데 예화가 15분에서 20분을 차지한다고 하면 이것은 청중이 본문의 메시지에서 멀어지게 만드는 나쁜 일이다. 성경 본문으로 들어가고 본문에 몰입하도록 도와주는 간결하고 단순하고 분명한 예화가 사용되어야 한다. 예를 들어 최근 이슈가 되는 사건에 대해 너무 길게 이야기한다든지, TV에서 본 내용을 하나도 빠트리지 않고 소개한다든지, 영화의 줄거리를 설교 본문보다 더 길

게 말하는 설교는 설교의 목적을 잃어버린 설교이다.

K 목사의 설교에서 너무 길고 많은 예화가 사용되는 것을 볼 수 있다. 믿음이란 하나님을 주인으로 인정하며 사는 것이라는 명제를 던지고 다음과 같이 예화를 길게 연이어 사용한다. 몇 개의 예화가 등장하는가?

여러 해 전에 외국에서 학위를 마치고 돌아온 후배 목사 한 분이 저를 찾아왔습니다. 학위를 마치고 돌아왔지만, 일 년 가까이 임지를 찾지 못해 힘들어하던 후배 목사는 저에게 그간의 심경을 토로하며 자신의 처지가 마치 '끈 떨어진 연'과 같다고 말했습니다. 그때 저는 그 목사님에게 단도직입적으로 말했습니다.

"목사님이 끊어졌다고 생각하는 끈은 본래 끈이 아닙니다. 끈은 하나밖에 없습니다. 그 끈은 눈에 보이지 않지만 절대로 끊어지는 법이 없습니다. 그 끈을 붙잡으셔야지요. 엉뚱한 것을 끈이라고 붙잡아서야 되겠습니까?"

저에게는 저를 어려서부터 키워주신 목사님이 한 분 계셨습니다. 저희 교단에서 존경받는 어른 중 한 분이십니다. 여러모로 저를 도와주시고 길을 열어주신 분이지요. 제가 자그마한 교회에서 목회하고 있을 때 그 목사님이 모 교회에서 설교하시다가 혈압으로 강단에서 쓰러지셨다는 소식을 들었습니다. 그때 얼마나 가슴이 철렁했는지 모릅니다. 저는 즉시 하나님께 기도드렸습니다.

"우리 목사님, 돌아가시면 안 됩니다."

거기까지는 좋았습니다. 문제는 그다음이었습니다.

"10년은 더 저를 봐주셔야 하는데요…."

나도 모르게 튀어나온 말에 저는 얼마나 부끄러웠는지 모릅니다. 그때 제가 하나님이 아니라 사람을 믿고 산다는 사실을 깨달았습니다. 믿음 없음을 깨닫고 하나님께 회개기도를 드렸습니다.

저는 저희 교단을 좋아합니다. 그런데 마음에 들지 않는 부분이 하나 있습니다. 다른 교단에도 있는 것이긴 하지만 지방색의 잔재가 있다는 점입니다. 목사님과 장로님들이 지방별로 모여 패를 짜고 그것을 통해 일종의 세를 형성하는데 그것이 만만하지 않습니다. 이북 출신 목회자들이 한자리에 모인 적이 있었습니다. 그때 저도 이북 출신 목회자로 분류되어 초청받고 그 자리에 참석했는데 선배 목사님 한 분의 말씀인즉 이러했습니다.

"우리 삼팔따라지들은 갈 데가 없다. 호남, 영남, 충청, 서울 사람들이 끼리끼리 뭉쳐서 정치하니 우리 이북 출신들은 교회 청빙 하나 받는 일도 그렇게 어려울 수가 없다. 그러니 우리도 뭉치자."

저는 돌아오는 길에 차에서 "하나님, 이것은 옳지 않습니다. 저는 그런 일에 힘쓰지 않겠습니다. 오직 하나님만 믿고 목회하겠습니다"라고 기도했습니다. 그런 다음 그 모임에 다시는 참석하지 않았습니다. 그런 마음으로 목회하면 하나님이 섭섭해하시고, 하나님이 섭섭해하시면 될 일도 안 된다는 것을 잘 알기 때문입니다.

교회를 사임할 당시, 교인들 사이에서는 제가 큰 물주를 잡아 교회를 떠난다는 소문이 퍼졌습니다. 100억 원을 받았다는 구체적인 이야기까지 있었습니다. 저는 교회 인터넷 게시판에 글을 하나 올렸습니다. 제목은 '큰 물주와 조물주' 였습니다.

"제가 큰 물주를 잡아 교회를 떠난다는 소문이 있습니다. 제가 큰 물주를 잡은 것은 사실입니다. 그러나 그 물주는 이번에 처음 붙잡는 물주가 아니라 본래 제가 붙잡고 있던 물주입니다. 그 물주 이름은 '큰 물주' 가 아니라 '조물주' 입니다."

제가 사람을 의지하고 교회를 시작했다면 그 교회는 모래 위에 세운 교회가 될 것입니다. 그러나 하나님을 의지하고 교회를 시작했다면 그 교회는 반드시 반석 위에 세운 교회가 될 것입니다.

저는 아주 위험한 차 사고를 당할 뻔한 적이 있었습니다. 1월이었는데 높은 다리에서 미끄러져 하마터면 10미터도 넘는 강바닥으로 추락할 뻔한 사고였습니다.

저는 그날 저녁 이런 생각을 했습니다.

"만일 오늘 내가 죽었다면 어떠했을까?"

"나 하나 바라보고 살아오신 우리 어머니, 내가 죽으면 어떻게 사실까?"

"이제 30대 초반인 내 아내, 남편 없이 어떻게 살 수 있을까?"

"아직 초등학교도 가지 못한 우리 아이들, 아버지 없이 어떻게 자랄 수 있을까?"

제 머릿속에 이런 생각들이 제일 먼저 떠올랐을 때 하나님께서 생각으로 제게 말을 걸어오셨습니다. 하나님의 말씀은 "내가 죽어야 문제지, 네가 죽는 게 무슨 문제가 있겠느냐?"는 것이었습니다.

"자식 죽은 부모는 다 못 산다든? 그렇지 않으니라. 하나님을 믿는 믿음은 그 엄청난 슬픔도 극복할 수 있으니라. 남편 없는 여자는 다 못 산다든? 그것도 그렇지 않으니라. 네 아내, 나를 잘 믿는 사람이니 너 없어도 조금 힘들고 외롭기는 하겠지만 훌륭하게 자식들 잘 키우며 살 것이니라. 아비 없는 아이들은 다 잘못된다든? 그렇지 않으니라. 너희 아이들이 나 하나님만 잘 믿고 자란다면 될 수 있는 것은 무엇이든지 다 될 수 있느니라."

저는 그 하나님의 말씀을 조금도 부인할 수 없었습니다. "아멘"으로 인정할 수밖에 없었습니다. 그때 제 마음속에 떠오른 말씀이 바로 "오직 의인은 믿음으로 말미암아 살리라"는 로마서 1장 17절 말씀이었습니다.

남편과 아내를 하나님처럼 의지하고 사는 것은 옳은 일이 아닙니다. 부모와 자식을 하나님처럼 생각하고 사는 것도 옳은 일이 아닙니다. 남편과 아내가 서로 사랑하고 부모와 자식이 서로 사랑한다고 하여 상대방을 하나님처럼 믿고 산다면 저들은 결국 무너지고 말 것입니다. 그 누구도 우리 인생의 끈이 될 수 없습니다. 우리가 붙잡고 의지할 끈은 오직 하나님 한 분밖에는 없습니다.[52]

예화가 생생하고 감동적이다. 설교자의 진솔함이 느껴지는 예화이

다. K 목사의 설교 전달은 탁월한 면이 있다. 그럼에도 하나의 설교 명제에서 5개 이상의 예화를 길게 연이어 사용하는 것은 조금 지나쳐 보인다. 설교는 균형이 중요하다.

본문의 메시지와 메시지를 드러내고 밝히는 보조자료 사용의 균형이 필요하다. 너무 길고 많은 예화를 사용하는 것은 설교의 균형을 깨는 것이다. 설교가 끝났을 때 청중에게 예화 보따리만 가지고 돌아가게 해서는 안 된다.

"예화가 본문 설명이나 해설보다 더 많을 경우 청중은 은혜받지 못할 수도 있다. 성경 본문과 성경 이야기가 주(主)가 되지 않고 세상 이야기가 주(主)가 될 경우 청중은 세속적인 설교라 느끼게 된다고 한다. 그래서 성경의 진리보다 세상 이야기를 통해 청중의 환심을 사겠다는 얄팍한 시도를 하면 오히려 청중을 설교로부터 멀어지게 할 수 있다."[53]

적절한 예화는 간결하고 선명한 예화이다. 너무 길고 많은 예화를 사용해서 본문의 핵심 메시지를 가리지 않도록 해야 한다.

"예화의 개수가 적당해야 한다. 적당한 수의 예화는 메시지 전달의 효율을 높여주지만 지나치게 많은 예화는 오히려 설교에 부담을 준다. 예화의 길이도 적당해야 한다. 너무 길어서 본 메시지보다 예화가 터줏대감 노릇을 하게 해서는 곤란하다. 본 경기보다 오픈 게임이 더 긴 격이다. 과도하게 긴 예화는 메시지를 위축시킨다."[54]

음식을 만들 때 조미료를 적절하게 사용해야 한다. 예화도 마찬가지다. 길고 많은 예화는 적당하지 않다. 예화의 길이를 살피자. 길면 지루하다. 많다고 좋은 것이 아니다.

03 공감대가 없는 예화는 하나마나다

예화는 설교의 주제를 환히 밝히고 청중과 자연스럽게 공감대를 만든다. 대단한 예화라 할지라도 청중에게 공감을 불러일으키지 못하면 예화 사용을 다음 기회로 미루어야 한다. 아니면 버려야 한다. 예화는 청중에게 어울려야 한다. 청중의 삶과 맞아야 한다. 크레그 브라이언 라슨(Craig Brian Larson)은 청중과 관련없는 예화의 실례를 소개한다.

노동자층이 주류를 이루는 청중에게 도스토옙스키의 소설 한 부분을 발췌한다든지, 전통 음악을 선호하는 청중에게 컨트리송 인기 가수 이야기를 한다면 적절하지 않다. 이런 문제를 해결하는 방법은 예화 자료를 보편화하는 것이다. 예를 들어 "빅토르 위고는 레미

제라블에서…"라고 말하는 대신에 "한 위대한 작가는 그의 불후의 명작에서…"라고 쓰는 것이다. 또 "서기 400년에 어거스틴은 말하기를…"이라고 하는 대신에 "교회사에 가장 잘 알려진 지도자 중의 한 사람이 말하기를…"이라고 말하는 것이다.[55]

예화는 청중의 상황에 적합한 옷을 입을 때 쓰임새가 있다. 설교 전달의 효과성은 설교의 주제를 드러내며 동시에 청중의 상황에 맞는 적실성에 달려 있다. 적실성, 기억하자. 예를 들어 매스컴에서 자녀를 학대하는 부모의 폭력성이 문제가 되어 사회적인 이슈가 되었다고 하자. 이때 설교자가 이것을 무시하고 부모는 자녀를 때려서라도 자녀의 잘못을 바로잡아야 한다는 내용의 설교를 한다면 그 설교 명제가 맞는 말이라 할지라도 청중에게 잘 들리지 않는다.

예화가 청중의 삶과 관계없는 뜬구름 같은 이야기가 되어서는 안 된다. 청중이 지금 어떤 일로 기뻐하고 염려하는지, 어떤 상황에 부닥쳐 있는지 알아야 한다. 설교자는 청중을 사랑해야 한다. 청중의 삶을 아는 것에서 설교자의 사랑이 시작된다.

K 목사의 설교 중에서 청중과 공감대 형성이 부족한 설교 예화가 있다. 성도는 광야생활의 유혹과 시험을 조심해야 한다고 설교하면서 다음과 같은 보신탕 예화를 사용한다.

미국에서 손님들이 가끔 오시면 늘 저에게 하는 말이 있습니다. "목사님, 보신탕 없습니까?" 그래서 제가 보신탕을 여러 번 대접했습니다. 어떤 분은 보신탕 없는 나라에서 15년을 살았는데도 여기 오니까 15년 전에 보신탕 먹던 생각이 나서 또 먹고 싶다는 것입니다. 어떤 분은 일 년에 한 번씩 보신탕 먹으러 한국에 온다는 분도 있습니다. 얼마나 먹고 싶었기에 그런 말을 하겠습니까? 미국에서는 보신탕을 먹으면 안 됩니다. 보신탕을 먹으면 야만인 취급을 당합니다. 개를 잡아먹으면 절대로 안 됩니다.

지난번에 미국에 가서 이야기를 들어보니 어떤 분은 극적으로 개를 잡아먹는 데 성공했다고 했습니다. 한국 사람이 사는 그 옆집에 개를 10여 년 동안 기르고 사시는 미국 할머니 한 분이 계셨답니다. 어느 날, 그 할머니가 찾아오시더니 이제는 힘이 들어 더 이상 개를 기를 수 없으니 개를 버릴 수 있는 먼 곳까지 가서 좀 버려 달라고 돈까지 주면서 부탁하더랍니다. 그 아저씨는 '야, 참 잘 됐다' 하는 마음이 들었답니다.

미국에서는 짐이 크든 작든 간에 컨테이너에 싣습니다. 그 아저씨는 개를 컨테이너 안에 실었습니다. 그러고는 모든 장비를 가지고 그 안에 들어갔습니다. 뭐 했겠습니까? 보신탕을 끓이는 것입니다. 고속도로가 머니까 그는 먹고 또 먹고 해서 그 고기를 다 먹었다는 이야기를 들었습니다. 사람이 왜 그렇습니까? 보신탕 냄새도 안 나는 곳인데도 거기 가서 살면서 보신탕을 먹고 싶은 마음이 속에 있었기 때문입니다. '한 그릇만…' 하는 마음이 그 속에 있었다는 것입니다.[56]

설교자는 보신탕을 먹고 싶은 마음을 광야의 유혹과 시험에 비유한다. 그런데 광야의 유혹과 시험이 보신탕과 어울리지 않는다. 청중 가운데 보신탕을 먹고 싶은 마음이 없는 청중이나, 또 보신탕을 먹는 것을 혐오하거나 관심 없는 사람에게는 공감대 형성이 부족한 적실성이 없는 예화이다.

강단에서 아름답게 쓰임받는 예화는 설교의 주제를 잘 드러내고 청중의 삶에 공감대를 불러일으킨다. 청중의 삶과 무관한 예화는 버려야 한다. 공감대가 없는 예화는 하나 마나이다.

설교자가 사용하는 언어는 고상하고 품위 있어야 한다. 설교자의 입에서 하나님의 거룩한 말씀이 운반되기 때문이다. 그런데 강단에서 어떻게 저런 말을 쓸까, 저런 이야기를 할까라는 안타까움을 불러일으키는 유치하고 저속한 말이 들릴 때가 있다. 예화도 똑같다. 저속하고 유치한 예화가 강단에서 사용되는데 이것은 설교와 설교자의 품위를 떨어뜨리고 말씀의 권위를 약화시킨다.

설교자가 강단에서 실수할 때가 있다. 청중에게 인기를 얻고자 하거나 무턱대고 설교 중에 흥미를 유발하고자 할 때이다. 이럴 때 유치하고 저속한 예화를 사용한다. 강단에서는 하지 말아야 하는 부적절한 유머도 남발하게 된다. 설교자는 자신에게 질문해 보아야 한다. 왜 이 예화를 사용하려는가? 이 유머가 어떤 효과를 가져올까? 청중은 설교를 듣지만 설교자 한 사람의 인격을 보고 있다. 저속한 유머, 유치한 예화는 설교자의 인격과 자질에 대해 손상을 주게 된다. 예화를 사용할 때 거친 표현이 없는지, 저속한 단어 사용은 없는지, 부정적인 감정을 불러일으키는 이야기가 아닌지 살펴야 한다.

> "하나님의 말씀을 전하는 것이 텔레비전의 야간 토크쇼에서 하는 개인 독백처럼 가볍다는 인상을 주어서는 안 된다. 강대상에 선 설교자는 거룩한 일에 부름받은 사람이다. 당신 앞에 앉아 있는 성도들의 영혼을 다루는 장엄함과 영적 무게감이 있어야 한다."[57]

설교자는 언어 사용에 신중해야 한다. 특히 '대가리' '모가지' '처먹다' 와 같은 비속어와 욕설을 쓰지 말아야 한다. 또 "저 사람은 옛날에 문둥이였어. 저놈은 인간도 아니야"라는 혐오스러운 말도 쓰지 않아야 한다. 바르고 고운 말, 품위 있는 말이 설교자의 입에서 나와야 한다.

> "혐오감을 주는 예화를 삼가야 한다. 아무리 메시지에 정밀하게 조율된 예화라 하더라도 청중에게 혐오감을 줄 수 있다면 신중을 기해야 한다. 저급한 예화, 너무 잔인한 묘사도 주의해야 한다. 설교에서 명료한 메시지가 중요하지만 품위가 있는 메시지여야 한다. '명료성' 과 '품위' 라는 두 마리 토끼를 다 잡아야 한다."[58]

설교의 대가 해돈 로빈슨 교수는 다음과 같은 저속한 예화를 소개한다. 이 예화는 우리가 살고 있는 시대의 상실된 도덕적 풍조를 반영한다고 볼 수 있지만 주일 아침 예배에서 사용해도 괜찮을지 생각해 보아야 한다.

어떤 남자가 아주 매력적인 젊은 여인과 식당에서 식사하고 있었습니다. 대화 도중에 그 남자는 한쪽 구석에 앉아 있는 젊은 멋쟁이 신사를 가리키며 여자에게 물었습니다.

"저기 있는 저 남자 보이지요? 만약 저 남자가 500달러를 준다면 오늘 밤 잠자리를 같이하겠어요?"

"글쎄요, 500달러라고요?"

여자가 대답하였습니다.

"500달러나 준다면 그럴 수도 있지요."

몇 분 후에 그 남자는 다시 다른 쪽에 앉은 남자를 가리키며 물었습니다.

"저기 있는 남자 보이지요? 만약 저 사람이 20달러 내겠다면서 같이 자자면 어떻게 하겠소?"

"20달러라고 하셨어요?"

그녀는 코웃음을 치며 대답합니다.

"물론 어림도 없지요. 도대체 날 뭐로 생각하세요?"

그 남자가 대답하기를 "오, 무언가를 이미 알아차렸어요. 단지, 값이 얼만지 알아내려는 중이지요."[59]

듣는 사람의 말초신경을 자극하는 예화를 사용해서 청중의 이목을 끌려고 하는 데 조심해야 한다.

"달콤한 죄의 현장 묘사 등이 예화에서 등장하는 순간, 성스러운 설교의 순간에 혐오감을 불러일으킨다. 실제로 어느 설교자는 퇴폐영업소의 실상을 너무나 자세하고 실감 나게 설교 예화로 사용하다가 결국 그 교회를 그만두는 결과가 있었다. 설교자는 부정적이고 부끄러운 죄상을 밝히는 예화들보다는 건실하고 아름다운 예화의 활용에 노력하는 것이 바른길이다."[60]

설교자는 강단에서 저속하고 품격이 떨어지는 예화 사용을 자제해야 한다. 저속하고 유치한 예화는 청중의 귀를 닫게 하고 설교자를 유치하게 만든다.

설교자는 예배를 마치고 집으로 돌아가는 청중의 마음에 무엇을 심어주어야 할까? "오늘 설교의 주제가 이것이지. 이 말씀을 붙들고 한 주간 믿음으로 살아야지"라는 다짐이 아닐까? 예화는 설교의 주제를 드러내는 역할을 한다. 주제 파악을 못 하는 예화는 청중에게 아무런 영향을 줄 수 없다.

예화는 본문의 메시지를 분명하게 보여주고 진리를 쉽게 전달하기 위해 사용하는 것이다. 예화는 철저하게 설교의 주제, 본문의 핵심 메시지를 밝히는 데 집중해야 한다. 대단한 예화라 할지라도 설교의 주제와 맞지 않는 예화라면 설교자는 그 예화를 주제에 맞게 각색하든지 아니면 예화를 버려야 한다. 예화를 버린다고? 예화 찾기가 얼마나 어려운데 버리라고 하는가? 설교자는 예화를 버릴 수 있어야 한다.

"예화를 버리는 것은 정말 어렵다. 예화 찾기가 얼마나 어려운가? 그러나 버리기에 비하면 차라리 쉽다. 좋은 예화를 만난 기쁨은 가뭄에 단비, 아니면 오래된 양복 속에서 찾은 두둑한 비상금과 같다. 그래서 버리기가 어렵다. 어떻게 얻은 예화인데 버릴 수 있단 말인가? 그러나 버려야 한다. 아무리 감동적이고 뭉클한 예화여도 메시지에 맞지 않는다면 버려야 한다."[61]

본문의 주제와 맞지 않는 잘못된 예화가 있다. 설교자는 예수님의 십자가의 희생적 사랑에 대해 설교하고자 한다. 다음의 예화는 적절한 예화인가? 잘못된 예화인가?

영국의 위대한 여왕인 빅토리아에게는 9남매의 자녀가 있었는데, 엘리스는 그중 둘째 딸이었습니다. 엘리스 공주에게는 무척이나 사랑하는 네 살짜리 아들이 하나 있었습니다. 그런데 엘리스의 아들이 매우 무서운 전염병에 걸렸습니다. 그래서 아들은 공주로부터 격리되었고 공주는 아들에게 가까이 갈 수가 없었습니다. 사랑하는 아들에 대한 염려로 공주는 매우 안타까웠고 정말이지 견디기 힘들었습니다. 그렇지만 공주가 아들을 보러 가면, 곧 무서운 전염병에 걸릴 것이고 공주의 생명까지 위험해질 수가 있기 때문에 가까이 갈 수 없었습니다.

하루는 엘리스 공주가 먼 구석에 숨어서 아들을 바라보고 있었습니다. 그때 아들이 간호사에게 힘없는 목소리로 이렇게 말하는 것을 들었습니다. "왜 우리 엄마는 이제 나에게 키스를 해주지 않지요?"
이 말은 엘리스 공주의 마음을 찢어놓고 말았습니다. 그 순간 엘리스 공주의 뺨에는 눈물이 흘렀고 곧 아들을 향해 달려가 힘을 다하여 아들을 끌어안고는 뜨거운 키스를 퍼부었습니다. 결국 얼마 뒤에 엘리스 공주 역시 아들과 함께 죽고 말았습니다. 여러분, 주님의 사랑이 이와 같지 않습니까? 아니 이보다 더 크고 귀하지 않습니까?[62]

감동적인 이야기이다. 그런데 본문의 주제와 자연스럽게 연결이 된다는 느낌이 들지 않는다. 예수님의 십자가 사랑을 아들을 사랑하는 공주의 사랑과 비교할 수 있는가? 차라리 자녀를 향한 부모의 희생적인 사랑이라는 주제와 연결해서 이 예화를 사용한다면 오히려 공감될 것 같다.

다음 K 목사의 설교에서도 주제와 상관없는 예화가 사용된다.

저같이 쓸모없는 사람도 하나님께서 기회를 주시니 하나님께서 영광을 받으시고 제가 귀한 일도 할 수 있는 것입니다. 제가 어려서부터 열심히 기도했기 때문에 기회를 주셨던 것입니다. 주님은 기도하는 사람을 도와주십니다. 능력을 갖고 있지만 기도하지 못하는 사람은 하나님께서 의도적으로 자극을 주십니다.
평양 감사가 지방의 모든 유지와 친구들을 불러놓고 잔치를 했습니다. 그때 어려서부터 친하게 지내던 친구가 평양 감사를 찾아왔습니다. 허름한 옷을 입고 헌 갓을 쓰고 평양 감사가 거하는 곳에 문을 열고 들어왔습니다. 감사가 보니 옛날에 사랑하던 친구였습니다. 감사가 소리를 질렀습니다.

"네 이놈! 여기가 어디라고 함부로 오느냐? 당장 나가지 못하겠느냐!"

"야, 이 사람 내가 ○○사는 XX인데, 자네가 오라고 해서 왔네."

"나는 그런 사람을 전혀 알지 못한다. 당장 나가거라."

"이 사람아! 자네가 성공했다고 나를 이렇게 대할 수 있는가?"

그는 밖으로 쫓겨났습니다. 집에 오니 얼마나 원통하고 괴로운지 견딜 수가 없었습니다. 밥도 먹지 못하고 원수를 갚아야지 하는 생각에 식구들과 의논을 했습니다. 의논 끝에 그는 3년 동안 산에 올라가 열심히 공부해서 팔도 감찰사가 되었습니다.

3년 동안 한 시간도 잊을 수 없었던 그 원한에 찬 마음으로 평양성에 들어가서 평양 감사를 찾아갔습니다. 칼을 들고 "네 이놈! 평양 감사 나오너라"고 소리쳤습니다. 평양 감사가 친구를 맞이하면서 "여보게 날세" 하고 말합니다.

"여보게 그러지 말고 자네 고향에 가서 나를 죽이든지 하게. 내가 할 말이 있으니 고향에 한번 같이 가세."

그래서 고향에 같이 왔습니다. 평양 감사와 함께 고향에 돌아오니 자기 집이 없습니다. 그전에 살던 초라한 집은 간 곳 없고 으리으리한 대궐 같은 집이 있습니다. 들어가 보니 자기 부인이 비단 치마저고리를 입고 나와 3년 만에 돌아온 남편을 맞이했습니다. 이야기인

즉 남편이 가던 그해에 평양 감사가 이 집을 지었다는 것입니다. 이 평양 감사는 자기보다 머리가 좋은 이 친구가 나라를 위해서 크게 쓰임받을 수 있는 능력을 갖고 있지만 공부를 안 해서 그런 기회가 열리지 않았다고 생각한 것입니다. 그래서 자극을 주어 공부하게 한 것입니다. 두 사람이 힘을 합하면 이 나라를 위해서 얼마든지 귀한 일을 할 수 있다는 것입니다.

그렇습니다. 여러분, 지혜를 가지고 있어도 기도하지 않기 때문에 쓸모없어지는 것입니다. 좋은 얼굴을 가진 남자들도 얼마든지 큰일을 할 수 있는데도 기도하지 않기 때문에 별일 못 하는 것입니다. 하나님은 얼마든지 여러분을 들어서 엄청난 일을 이루시려고 역사하는데 여러분이 기도하지 않고 여러분의 힘으로 살려고 하기 때문에 큰일을 못하는 것입니다.[63]

재미있는 예화이다. 생생한 예화이다. 그런데 '기도하는 사람에게 기회를 주시는 하나님'이라는 주제를 가지고 설교를 하면서 정작 기도에 대한 예화가 사용되지 않았다.

아무리 참신한 예화라 하더라도 본문과 동떨어져 있고 설교의 주제와 상관없는 예화 사용은 강단을 망치게 한다.

"설교자는 예화를 사용하면서 유혹을 받는다. 그것은 설교를 위해 매우 유용하게 쓰일 수 있는 예화라고 생각되는 것을 발견하게 되면 어쨌든 그 예화를 설교에 도입하려고 하는 것이다. 이렇게 예화를 먼저 생각하다 보면 아직 성경 본문이 잡히지도 않은 상태에서 이야기할 메시지의 방향과 내용이 대략적으로 머릿속으로 그려지기 마련이다. 이런 경우 예화를 중심으로 메시지를 구성하게 되어 결국 성경 본문은 그 주역의 자리를 예화에 내어주게 된다."[64]

강단을 망치려고 설교하는 설교자는 없다. 설교자도 사람인지라 어느 정도 부족하고 실수하는 부분이 있을 뿐이다. 거짓되고 과장된 예화, 길고 많은 예화, 공감대가 없는 예화, 저속한 예화, 주제에 맞지 않는 예화는 설교의 맛을 떨어뜨리고 청중의 마음을 닫는 예화이다. 이런 예화를 멀리하자.

"성도들이
교회 오는 길을
행복하게 해주 책!"

PART 03

이런 예화가
청중을 움직이고 강단을 살린다

• • • • •

지금까지 예화가 무엇이고, 왜 필요하며, 어떤 예화가 강단을 망치는지 살펴보았다. 그러면 어떤 예화를 사용해야 말씀으로 청중을 움직이고 강단을 살릴 수 있을까? 예화라고 다 같은 예화가 아니다. 그렇다면 본문의 핵심 메시지를 드러내면서 청중의 마음을 움직이는 예화는 어떤 예화인가?[65]

여기서 분명히 하고 싶은 것이 있다. 예화를 통해 청중에게 감동을 주는 어떤 '연출'을 하려는 것이 아니다. 들리는 설교를 위해서 예화를 강조하는 것이다. 들려야 통하고, 통해야 변화가 있다. 사실 변화는 인간 설교자의 힘으로 이루어지는 것이 아니다. 사역하면 할수록 깨닫는 것이 내 힘만으로는 안 된다는 점이다. 성령님께서 일하셔야 한다. 성령님이 설교 사역의 주인공이 되신다.[66] 다만 성령님께서 역사하시도록 인간 설교자가 잘 준비되어야 한다. 무엇을 준비할까? 여러 가지 요소가 있지만 적절한 예화를 준비해야 한다.

존 스토트 목사의 예화에 대한 설명을 통해 청중을 움직이는 예화가 어떤 예화인지 그 방향성을 찾았다.

"예화는 추상적인 것을 '구체적'으로, 고대를 '현대'로, 생소한 것을 '친숙한 것'으로, 일반적인 것을 '특수화'한 것으로, 모호한 것을 '정확한 것'으로, 비실재적인 것을 '실재적인 것'으로, 보이지 않는 것을 '보이는 것'으로 바꾸어 놓는다."[67]

지금부터 8가지 예화 사용법을 소개하려는데 이것이 적절한 예화 사용의 기준과 방향이 되기를 기대한다.

위치에 맞는 예화를 사용하라

예화는 설교의 장식품이 아니다. 한 번도 들어보지 못한 참신한 예화일지라도 아무렇게나 예화를 사용할 수 없다. 예화는 자기 자리를 잘 알아야 한다. 설교자가 예화를 꼭 필요한 곳에 두면 예화는 아름답게 쓰인다.

예화는 어디에 위치해야 하는가? 라메쉬 리처드(Ramesh P. Richard) 박사는 이렇게 설명한다.

"설교 중에 딱딱하거나 지루한 모든 부분은 예화를 필요로 한다. 예화가 항상 필요한 부분은 다음과 같다. 첫째, 청중의 관심을 끌며 필요를 제기하게 되는 서론 부분. 둘째, 설교를 끝마치게 되는 결론 부분. 셋째, 설교 중간이나 대지마다 하나씩 예화를 사용할 수 있다."[68]

예화가 사용되어야 하는 필요한 위치가 있다. 좋다거나 감동적이라고 아무렇게나 등장할 수는 없다. 설교의 서론과 결론에서 예화를 사용하면 설교 전달의 효과가 올라간다.

"서론에서 쓰이는 예화는 청중의 마음을 열게 하고 본론에 관심을 갖게 하는 동기유발적인 예화이어야 한다. 본론에서 쓰이는 예화는 설교자가 강조하고자 하는 진리를 확신시킬 목적으로 사용해야 한다. 결론에서 쓰이는 예화는 청중이 설교를 듣고 결단하게 만들거나 실천으로 옮기게 할 목적으로 사용해야 한다."[69]

예화의 위치를 잘 알고 설교의 서론에서 적절하게 사용한 설교의 실례가 있다. 옥한흠 목사는 서론에서 예화를 사용하면서 청중의 관심을 끌고 마음의 문을 열고 있다. 성령님을 모신 성도의 감격에 대해 설교하며 다음과 같은 예화를 사용한다.

미국 오페라계에 힐리니 할버튼이라는 유명한 가수가 있었습니다. 어느 날, 자기 아들이 이웃집 아이와 놀면서 주고받는 대화를 집 안에서 살짝 엿듣게 되었나 봅니다. 이웃집 아이가 자기 아들을 보고 "우리 아버지는 시장을 잘 아신다" 하고 자랑하니까 그 말을 들은 자기 아들이 "우리 아버지는 하나님을 잘 아셔"라고 대꾸하는 것이었습니다. 아들의 대답을 듣는 순간 그의 눈에서 눈물이 쏟아지기 시작해 서재로 달려 들어가 울었다는 고백을 한 글을 읽은 적이 있습니다. 그는 무엇 때문에 아들의 말을 듣는 순간 그렇게 감격했을까요? 하나님을 잘 아는 자기의 아빠를 떳떳하게 자랑할 줄 아는 아들의 모습을 보니 너무 자랑스러웠기 때문입니다.

우리는 어떻습니까? 우리는 모두 하나님의 자녀들입니다. 하나님을 아버지로 얼마나 자랑할 수 있습니까? 그분이 우리 아버지라는 사실 때문에 얼마만큼 감격하고 있습니까? 성령이 친히 우리 영으로 더불어 우리가 하나님의 자녀인 것을 증거하시는데, 그 하나님을 얼마나 잘 알고 자랑스러워하고 있는지는 진지하게 자문해 볼 필요가 있습니다.[70]

설교의 결론에서는 말씀의 여운이 남아야 한다. 청중이 말씀을 듣고 결단하도록 도와야 한다. 이와 관련해 이동원 목사는 예화 사용에 있어서 설교자들에게 좋은 모델이 된다.

"이동원 목사가 예화를 배치하는 지점에 주목해야 한다. 도입부에 예화를 배치한 것은 설교 시작 5분 이내에 설교의 성패가 판가름 난다고 판단하기 때문이다. 또한 설교의 후반부는 회중의 집중력이 저하되는 시점이다. 따라서 내용 적절성에 문제가 없다면 반드시 어떤 식으로든 회중의 집중력을 제고시킬 장치가 필요하다."[71]

설교의 결론에서 성도는 이 땅에서 외국인과 나그네로서 순례의 길을 걷는 사람이라고 하며 헨리 모리슨 선교사의 예화를 사용한다.

믿음의 성도들은 약속의 말씀 내비게이션만을 붙잡고 살아갔습니다. 때로 인생의 길에서 견디기 어려운 시련과 고난이 있어도 이를 극복하고 승리할 수 있었던 이유, 그것은 그들이 순례자임을 잊지 않았기 때문입니다.

이제 제가 좋아하는 한 순례자의 이야기를 상기시켜드림으로써 승리하는 순례의 길을 격려하고자 합니다. 헨리 모리슨이라는 아프리카 선교사가 있었습니다. 그는 금세기 초 아프리카에서 40년간 선교 사역을 하는 동안 가족을 잃고 건강도 잃은 늙은 선교사가 되어 고향인 미국으로 돌아오고 있었습니다. 그런데 그가 탄 배에는 아프리카에서 코끼리 사냥을 하고 돌아오는 루스벨트 미국 대통령이 타고 있었습니다. 배가 뉴욕 항구로 입항하고 대통령이 내리자, 레드 카펫이 깔리고 군악대의 팡파르 소리가 대통령을 환영했습니다. 대통령 일행이 항구를 빠져나간 후 모리슨 선교사가 항구의 출구로 나서자 레드 카펫도 없고 군악대의 팡파르 소리도 멎은 후였으며 그를 마중 나온 사람 역시 아무도 없었습니다.

선교사는 저녁노을 진 하늘을 향해 이렇게 소리치고 싶었답니다.

"주님, 이것이 40년간 아프리카에서 저의 청춘을, 저의 건강을, 그리고 저의 일생을 바친 결과란 말입니까?"

그때 그는 저녁노을 사이로 말씀하시는 조용한 음성을 들었다고 합니다.

헨리야, 내 아들아! 너는 아직 고향에 오지 않았단다. 네가 고향에 돌아오는 날, 레드 카펫이 아닌 황금의 길로, 군악대가 아닌 천사들의 나팔소리와 함께 내가 너를 마중 나가마!"

그렇습니다. 우리는 아직 고향에 오지 않았습니다. 그래서 우리는 다시 약속의 내비게이션을 바라보며 믿음의 순례, 섬김의 순례, 그 영원한 사랑의 순례를 계속해야 합니다.[72]

예화는 자리를 잘 잡아야 한다. 자기 위치를 알아야 한다. 특히 설교의 서론과 결론에서 예화를 잘 사용한다면 청중에게 들리는 설교가 되어 변화를 끌어낼 수 있다.

주위에서 옷을 잘 입어 맵시가 나는 사람을 본 적이 있는가? 좋은 옷을 입고 우아하게 보이는 중년 여성이 있다. 그런데 자세히 보니 몸에 온갖 보석과 패물을 두르고 있다. 뭔가 어울리지 않고 부자연스러워 보였다. 귀걸이, 목걸이, 팔찌 등 그 자체는 좋은 것이다. 그런데 그것은 사람과 어울릴 때 더 아름답고 보기 좋다. 예화도 마찬가지다. 예화가 설교 속에서 누구를 위해 존재하는가를 망각하고 지나치게 드러나서는 안 된다. 예화는 본문의 핵심 메시지와 어울리고 설교의 주제를 잘 드러낼 때 아름답다.

예화와 관련해서 초보 설교자가 하는 실수가 무엇일까? 사람의 감정을 웃기고 울리는 예화를 발견하면 그날 설교의 주제와 상관없이 예화를 사용하는 것이다. 예화가 그저 괜찮고 감동적이라고 해서 설교에 그대로 집어넣어서는 안 된다. 설교의 주제와 본문의 메시지와 보조를 맞추어야 한다.

예를 들어 '십자가'에 대한 설교 주제로 설교를 할 때 다음과 같은 예화를 사용할 수 있다.

> 도널드 렉스포드 2세(Donald Rexford Jr.)라고 불리는 38세 된 목수가 있었습니다. 이 사람은 필리핀의 마닐라에서 열리는 성금요일의 십자가형을 재현하는 행사에서 수백 명의 관중 앞에서 십자가에 못 박혀 2분 동안 공중에 매달려 있었습니다. 그는 속죄의 행위로 수년 동안 이것을 행했습니다. 그러나 그의 고행은 쓸모가 없었습니다. 예수님은 믿음으로 말미암는 은혜의 선물로서 자신을 "단번에"(히 10:10)에 드리셨기 때문입니다.[73]

김창훈 교수는 창세기 29장의 본문으로 설교하면서 설교의 주제를 잘 드러내는 예화를 사용한다.

1. 요지

사랑하는 성도 여러분, 자격이 없는 나를 택하셔서 구원하시고 이 자리에 있게 하신 하나님의 은혜에 대한 감사와 감격이 있습니까? 우리가 올바로, 그리고 온전히 하나님을 섬기기 위해 우리에게 무엇보다 필요한 것은 하나님께서 우리에게 주신 은혜에 대한 깨달음과 은혜에 대한 감격과 감사입니다. 우리가 배은망덕한 것은 은혜에 대한 깨달음과 감사가 없기 때문입니다.

2. 예화

a. 도입부
성 프란시스에 대한 일화가 많은데 이런 이야기가 있습니다.

b. 내용
성 프란시스의 제자가 환상 중에 하늘나라에 갔답니다. 그런데 아주 호화로운 의자가 있더랍니다. 그래서 천사에게 "이 의자는 누가 앉을 자리입니까?" 하고 물었습니다. 천사가 대답하는 말이 성 프란시스가 앉을 자리라고 했습니다. 제자이지만 스승에 대하여 시기심이 생겼습니다. 그래서 훗날 제자가 "선생님, 선생님은 자신을 어떤 사람이라 생각합니까?"라고 물었는데, 프란시스는 "나는 나 자신을 세상에서 제일 악한 사람이라고 생각한다"고 하더랍니다. 그랬더니 제자는 프란시스에게 "선생님은 위선자입니다. 모든 사람이 선생님을 성자라고 부릅니다. 세상에는 도적도 있고 나쁜 사람도 많은데 제일 악하다니 말이 됩니까? 그런 거짓말은 하지 마세요"라고 따졌답니다.

c. 절정
그때 프란시스는 말하기를 "그건 자네가 몰라서 그래. 내가 하나님께로부터 받은 은혜가 얼마나 많은 줄 아는가? 내게 주신 그 은혜를 다른 사람에게 주었더라면 그 사람들은 나보다 훨씬 더 좋은 사람이 되었을 거야'라고 하더랍니다. 그 말을 듣고 제자는 아무 말도 못 했다고 합니다. 그는 자기에게 임한 하나님의 은혜에 대한 깨달음과 감사하는 마음이 항상 있었습니다. 그러니까 그는 온전히 믿음을 지킬 수 있었던 것입니다.

3. 성도와 연관
사랑하는 성도 여러분, 우리 가운데 하나님의 은혜를 받지 않은 사람은 한 사람도 없습니다. 그러나 은혜를 깨닫고 감사하는 사람과 그렇지 못한 사람의 신앙생활은 너무도 다를 것입니다.

4. 결론
저는 우리 모든 성도가 바울과 같이, 성 프란시스와 같이 하나님의 은혜를 깊이 깨닫고 온전하고 하나님께서 기뻐하시는 신앙생활하기를 간절히 바랍니다.[74]

예화는 설교의 요지, 즉 대지(point)나 핵심 명제 다음에 위치해야 한다. 다시 말해 먼저 설교 대지를 제시한다. 이어서 대지와 관련되어 설교의 주제를 드러내는 예화를 사용한다. 다음으로 청중과 연관시킨 이후에 다시 한번 설교 대지를 제시한다. 예화만 소개하고 아무런 설명도 없이, 즉 대지와 연관을 시키지 못하면 예화는 존재 이유가 없다.

"예화 내용은 훌륭한데 그 예화를 설교의 주제에 연결시키지 못하는 경우가 있다. 예화가 설교에 공헌하게 만들려면 예화에서 주고자 하는 핵심 교훈을 설교 주제에 잘 맞도록 정확하게 *끄집어내는* 설명이 뒤따라야 한다."[75)]

설교의 주제를 잘 드러내는 적절한 예화를 옥한흠 목사의 설교에서 찾을 수 있다. 마귀의 시험에 빠지지 않기 위해 하나님 자녀의 정체성을 확신해야 한다는 주제를 가지고 다음의 예화를 사용한다.

우리 예수 믿는 사람들은 늘 시험을 당합니다. 마귀는 끝까지 우리를 미워하여 어떻게 해서든지 우리를 끌어내어 죄를 짓게 하고 타락하게 만들려고 할 것입니다. 그러나 시험에 빠져서는 안 됩니다. 시험에 빠지지 않기 위해서는 예수님처럼 준비해야 합니다. 하나님의 말씀으로 우리가 하나님의 자녀 된 것을 확신해야 합니다.
바닷가에서 겪었던 저의 경험을 하나 소개합니다. 밥을 지어 먹으려고 버너를 받칠 돌멩이를 찾으러 다녔습니다. 그러다가 돌멩이 하나를 보았습니다. 흔들어 보니까 조금 움직이는 것 같아 계속 붙잡고 흔들어서 기어이 뽑아내었습니다. 그런데 옆에 있는 다른 돌멩이 하나는 발로 차보니 꼼짝도 안 했습니다. 도무지 움직일 것 같지 않았습니다. 그래서 그 돌멩이는 몇 번 흔들어 보다가 포기했습니다.
이처럼 성도가 조금만 흔들리면 마귀는 집요하게 매달려 괴롭히려고 합니다. 그러나 확신이 서 있는 사람에게는 마귀가 덤비긴 덤벼도 곧 포기하고 물러갑니다. 우리는 예수님처럼 성령 충만해야 합니다. 이것만이 우리가 사는 길입니다. 예수님처럼 40일 금식기도는 하지 못할지라도 늘 기도하는 생활을 게을리하지 말아야 합니다.[76]

강단을 살리는 예화는 본문의 메시지와 설교의 주제를 잘 드러내는 예화이다. 설교의 주제를 분명히 하고 주제와 어울리는 예화를 찾아야 한다.

다음에 소개하는 예화는 설교에 관심 있는 설교자라면 잘 아는 예화이다. 본문 제시, 예화 소개, 본문 연결, 적용으로 설교가 진행된다.

● 본문 : 마가복음 4:35-5:1

● 제목 : 온전한 신뢰 [77]

① 예화

1859년 여름, 한 곡예사가 나이아가라 폭포에 설치해놓은 밧줄 위를 걸어 미국에서 캐나다로 건너가는 흥미진진한 사건이 벌어졌습니다. 생각만으로도 아찔한 줄타기 곡예를 벌인 주인공은 프랑스 출신의 곡예사 찰스 블론딘(Charles Blondin). 그는 공중에 설치해놓은 밧줄 위에 서서 온갖 위험한 동작을 해내며 19세기 유럽과 미국에서 열광적인 인기를 얻었습니다.

블론딘이 세계 최초로 시도한 나이아가라 외줄타기 곡예현장에도 수많은 사람이 몰려들었습니다. 이곳에는 무려 48m 높이에 로프가 설치됐습니다. 그는 약 18kg 무게의 장대로 균형을 잡은 채 한 발 한 발 밧줄 위를 걸어 폭포를 건너갔습니다. 드디어 블론딘이 맞은편에 도착하자 관중은 우레와 같은 박수와 환호성을 보냈습니다. 모든 곡예가 끝날 때쯤 되자 블론딘은 구름처럼 모여 있는 관중을 향해 소리칩니다.

"당신들은 내가 사람을 등에 업고 이 폭포를 건너갈 수 있다고 믿습니까?" 그러자 관중은 "믿습니다"라고 외쳤습니다. 그러자 블론딘은 "그럼 내 등에 업혀서 나와 같이 이 폭포를 건너갈 사람 한 분만 나와주시기 바랍니다"라고 말했습니다. 하지만 관중은 이내 침묵에 잠겨 블론딘의 시선을 애써 외면했습니다.

　자원자가 아무도 없다고 판단한 블론딘은 관중 가운데 서 있는 한 남자에게 "당신은 날 믿습니까?"라고 묻습니다. 해리 콜코드라는 이름의 그 남성은 조금의 주저함도 없이 "난 당신을 믿습니다. 기꺼이 당신 등에 업히겠습니다"라고 말하며 블론딘의 등에 몸을 맡깁니다. 남자를 등에 업은 블론딘은 이제까지보다 훨씬 더 신중하게 로프에 올라 한 발 한 발 내딛기 시작합니다. 결과가 어떻게 되었을까요? 블론딘은 나이아가라 폭포를 건너는 데 성공했고 이를 숨죽이며 지켜보던 관중이 환호했습니다.

　블론딘의 등에 업혀 나이아가라 폭포를 건넌 사람은 누구일까요? 당시 관중은 몰랐지만 사실 콜코드는 블론딘의 매니저였습니다. 그가 자신의 생명을 담보로 블론딘을 신뢰할 수 있었던 이유는 무엇일까요? 오랜 기간 그의 매니저로 일하며 그를 지켜본 결과로 얻은 지식과 경험 때문일 것입니다. 이것을 지식과 경험에 기초한 신뢰(knowledge and experience-based trust)라고 부릅니다. 그렇다 하더라도 정말 대단한 믿음과 신뢰가 아닐 수 없습니다. 아무리 오랜 시간 가까이서 지켜보고 경험해봤다 하더라도 자신의 생명이 달린 사안이라면 나 같으면 그의 등에 절대 업히지 않았을 것입니다. 정말 믿기 어려울 정도로 대단한 신뢰라 할 수 있습니다.

② 본문 연결
　그런데 오늘 마가복음 4장에는 방금 소개한 블론딘과 콜코드의 얘

기와는 대조적인 모습을 보이는 예수님의 제자들에 관한 내용이 기록되어 있습니다. 큰 광풍을 만나 엄청나게 겁에 질려서 어찌할 바를 모르고 있는 그들의 다급한 모습을 말씀 속에서 볼 수 있습니다. 전혀 예상치 못한 메가톤급의 대형 풍랑을 만났기 때문입니다. 바다에서 잔뼈가 굵은 사람들이지만 평생 한 번도 경험하지 못한 대형 풍랑이 몰려오자 그저 멘붕 상태에 빠지게 됩니다. 예수님이 그들과 함께 계셨음에도 그들은 그분을 전혀 신뢰하지 못했습니다.

조금 전 소개한 콜코드는 지식과 경험을 통해 블론딘을 신뢰하고 그에게 자신의 생명을 맡기는 모험을 감행했습니다. 그런데 그보다 더 놀라운 기적과 불가능한 이적을 가까이서 직접 보고 경험한 제자들은 어째서 주님을 신뢰하지 못했을까요? 메시아로 오신 예수님의 기적을 그렇게 가까이서 직접 목도했던 제자들이 콜코드보다 못한 모습을 보이는 것은 의외가 아닐 수 없습니다.

그러면 이때 우리 주님은 뭐하고 계셨을까요? 당시 예수님의 반응이 자못 궁금합니다. 큰 풍랑이 불어 파선 직전의 위기 상황에 빠져 있는 그때 주님은 배의 고물에서 주무시고 계셨다고 성경은 말씀하고 있습니다(38절). 어째서 일촉즉발, 위기일발의 상황에서 주님은 무사태평하게 쿨쿨 주무실 수 있었을까요? 아버지 하나님을 굳게 신뢰했기 때문입니다. 그분은 숱한 경험을 통해 아버지 하나님이 신뢰할 만한 분이심을 너무도 잘 아셨기 때문입니다.

콜코드가 동업자인 외줄타기 선수 인간 블론딘을 신뢰하고 자신의 생명을 그에게 맡길 수 있었다면 주님의 제자 된 자들이 하나님의 아들 예수 그리스도를 어찌 신뢰하지 않을 수 있단 말인가요?

③ 적용 및 교훈

오늘 우리의 모습은 어떠한가요? 사람이 사람을 신뢰하고 자기 생명을 맡길 수 있었다면 사람이 구주 예수님을 어찌 신뢰하지 못하겠습니까? 본문의 제자들 못지않게 우리 역시 지난 과거에 수많은 기적과 역사를 경험해 왔습니다. 크든 작든 상관없이 주님의 은혜와 사랑을 넘치게 받아온 우리는 위기 상황이 닥쳐온다면 과연 어떤 반응을 보이리라 자신하는가요? 본문의 제자들과 흡사한 모습인가요? 아니면 적어도 콜코드와 흡사한 모습인가요? 아니면 고물에서 쿨쿨 잠드실 정도로 하늘 아버지를 신뢰하신 예수님의 모습인가요?

예수 그리스도를 구세주로 모시고 있는 제자들이라면 콜코드의 신뢰보다는 더 질 높은 신뢰를 보여야 정상이라 생각지 않습니까? 주님으로부터 "어찌 믿음이 없느냐?"(40절)라는 책망을 들은 제자들과 달리 어떤 위기와 절망이 다가온다고 할지라도 성부 하나님과 성자 예수님을 견고하게 신뢰하며 나아가는 참믿음의 사람들이 다 될 수 있길 바랍니다.

청중은 평범한 이야기에 마음을 열지 않는다. 두루뭉술하게 설명하는 것에 관심을 기울이지 않는다. 뜬구름 잡는 이야기를 듣고 있으면 시간 낭비라 생각한다. 구체적으로 말해야 잘 들린다.

"구체적으로 사용하라는 것은 다음과 같다. 예를 들면 '무기'라고 하기보다 '권총'이라고 말하는 것이다. 또한 '자동차'라고 하기보다 '89년형 토러스'라고, '죄'라고 하기보다는 '간음'이라고, 그리스도의 '고난'이라고 하기보다는 그리스도의 '손바닥을 관통한 못'이라고, '경찰'이라고 하기보다는 '손등에 상처 자국이 있는 45세의 몸집이 큰 시카고의 로버트 형사'라고 말하는 것이다."[78]

설교에서 '구체성'은 중요하다. 그림을 그려서 보여주듯이 구체적으로 말할 때 선명하게 다가온다. 구체적으로 설명할 때 청중의 마음을 얻을 수 있다.

매튜 맥컬러(Matthew Mckellar) 교수는 예화의 '구체성'에 대해 다음과 같이 설명한다.

"두 대의 차가 달려가고 있었습니다. 한 자동차가 자신의 주행선을 이탈하여 다른 차선으로 진입해 앞차와 추돌하게 되었습니다."
이런 묘사는 흥미가 없다. 어떻게 하면 좀 더 흥미 있는 묘사가 되겠는가? 이렇게 묘사해보자.
"작년 10월 31일에 있었던 일입니다. 포트워스시와 알링턴시 사이의 20번 고속도로에서 로이스 존스는 캐딜락 에스컬레이드를 운전하며 달리고 있었습니다. 그런데 베드포스시에 사는 찰스 존이 작은 트럭을 운전하다가 그녀가 운전하며 달리던 차선으로 침범하게 되었습니다. 그녀는 잠시 고민하고는 피하고자 자신의 에스컬레이드 운전대를 급히 돌렸습니다. 순간 그녀의 차는 회전하면서 통제 불능의 상태가 되었고, 세 번을 회전하고 도로를 벗어나 간신히 하수관에 멈추어 섰습니다."[79]

구체적으로 묘사해보라. 끌리는 설교가 된다. 다음의 예화는 실감나고 전달되는 구체적인 예화이다.

1989년 9월 21일, 영국의 사우샘프턴에서 라이트 헤비급 권투 결승전이 벌어지고 있었습니다. 스티브 매커시 선수와 토니 윌슨 선수의 대결이었습니다. 3라운드 때 토니는 스티브의 주먹에 맞고 링 위에 쓰러졌습니다. 심판이 여섯까지 세고 다음 카운트를 할 무렵, 갑자기 한 중년 부인이 링으로 올라오더니 구두를 벗어 들고는 토니를 때려눕혔던 스티브의 머리를 하이힐로 가격하기 시작했습니다. 갑자기 일어난 돌발 사태에 스티브의 머리에서는 피가 흐르기 시작했고 그는 가까스로 링에서 도망쳐 달아났습니다.

경찰이 잡고 봤더니 그 여인은 다름 아닌 토니의 어머니였습니다. 부끄러운 행동을 한 어머니에게 아들이 왜 그런 어리석은 짓을 했느냐고 화를 냈을 때 어머니는 이렇게 말했답니다.

"미안하다, 애야. 그렇지만 네가 맞아서 쓰러지는데 눈이 뒤집히더라. 나도 모르게 정신을 잃어서 그만 이렇게 되었구나. 그저 너를 살려야겠다는 생각뿐이었단다."

이 사건은 모성애로 빚어진 어쩔 수 없는 상황으로 판단되어 토니의 어머니는 처벌받지 않았고 두 선수는 재시합을 치르라는 결정이 내려졌습니다.

여러분, 제가 수년 전 한국에 왔을 때 실제로 이 장면을 텔레비전으로 시청한 적이 있습니다. 정말이지 분노한 그 어머니의 행동을 제어할 사람은 아무도 없었습니다. 이것이 바로 모든 어머니의 사랑, 부모의 사랑입니다. 자식은 부모를 멸시하고 배반할 수 있다 할지라도 자식을 향한 부모의 사랑은 변함이 없습니다. 이런 귀하고 값진 사랑을 받은 우리가 어떻게 살아야 하겠습니까? 자녀가 잘 되기를 바라는 부모의 마음을 헤아리는 여러분 모두가 되시기를 바랍니다.[80]

청중의 마음에 울림을 주는 설교자인 이찬수 목사의 설교에서 구체적인 예화를 발견하게 된다.

제가 언젠가 연예인 연합예배에 참석한 적이 있는데 거기에서 참 아름다운 예배를 경험했습니다. 연예인이라는 화려함을 내려놓고 전심으로 예배하는 모습도 아름다웠지만 예배를 마치고 이어지는 간증에도 많은 도전을 받았습니다. 예배를 마치고 개그우먼 이성미 집사님이 예정에 없던 간증을 했습니다. 최근에 이 집사님이 암 수술을 했다고 합니다. 속으로 '하나님을 그렇게 사랑하고 열심히 섬기는데 어떻게 암이 올 수 있나? 아마도 훗날 그 뜻을 이해할 수 있겠지' 하며 혼자 민망해하고 있는데, 마치 그런 내 마음을 들여다보기라도 한 듯 이 집사님이 이런 말을 이어갔습니다.

지금은 세상을 떠났지만 그룹 울랄라세션의 리더였던 임윤택 씨가 한창 암투병을 하고 있을 때 이 집사님은 그 젊은 형제에게 복음을 전하고 그 고통을 위로하고 싶었다고 합니다. 그런데 계속 자기 마음에 '나는 암을 겪지 않아서 그런 고통을 모른다. 나는 말만 가지고 떠든다' 라는 생각이 들더라는 것입니다. 그러면서 '내게도 그런 고통이 있다면 그러면 내가 다가가서 위로할 수 있을 텐데' 하는 생각이 들었다고 합니다.

그런데 하나님이 그 기도를 들으시고 정말로 자기에게 암을 주셨다는 것입니다. 이 집사님이 울면서 하는 이야기가 자기가 암으로 판정을 받고 가장 먼저 임윤택 씨에게 전화를 걸어 이렇게 말했다고 합니다. "윤택아, 내가 암에 걸려 보니까 그동안 네가 얼마나 힘들었는지 이제는 조금 알겠다. 네 마음을 내가 조금 알겠다."

평상시에 '한 영혼'을 향하신 주님의 애틋한 마음이 그 안에 없었다면 불가능한 이야기가 아닙니까? 이 집사님이 펑펑 울면서 그런 고백을 하는데 그 고백에 제 마음이 무너졌습니다. 예배가 다 끝나고 집으로 돌아오는 길에 많은 생각이 머리를 맴돌았습니다. '내 안에는 한 영혼을 향한 저런 순수한 마음이 있는가? 나는 성도가 당하는 아픔과 고통에 대해 저렇게 진지한 눈물을 흘린 적이 있는가? 한 영혼을 향한 긍휼함을 가진 목사이기보다는 또 하나의 직업인으로 전락하고 있는 것은 아닌가?'[81]

추상적이고 모호한 예화가 아니라 구체적으로 설명하는 예화가 강단에 생기를 가져온다.

구체적인 예화 사용에 있어서 주의할 점이 있다. 지나치게 구체적인 예화가 때로는 좋지 않을 수도 있다는 것이다. 예를 들어 교회 안에서 특정 인물을 구체적으로 들어서 설교 예화로 사용하거나, 또 정치에 있어서 구체적으로 특정 정당을 소개하고 지지하는 것은 적절한 설교 예화에 합당하지 않다.

"예화의 확실성을 보여주려는 의도는 좋으나 그 부작용 또한 클 수가 있다. 예를 들어 어느 특정한 신문에서 읽은 이야기라고 말했을 때 그 신문에 반감을 가진 사람은 설교자가 정치적으로 자신과 다른 노선의 지도자라고 판단하게 된다. 또 생존한 인물의 실명을 대며 이야기를 했을 때 그 사람과 견원지간인 사람이 있다면 그 예화는 실패하게 된다. 따라서 '오늘 어느 조간신문에 나오는 이야기입니다' '어떤 사람이 겪은 이야기입니다' 라는 표현을 권장한다."[82]

강단을 살리는 예화는 구체적인 예화이다. 예화의 구체성을 위해 설교자가 고심하고 노력하면 청중의 눈빛이 달라질 것이다.

논리와 감정이 있는 예화를 사용하라

청중의 귀를 즐겁게 하기 위해서만 예화를 사용해서는 안 된다. 지나친 감정에만 몰입하는 예화는 좋지 않다. 청중이 말씀을 들을 때 본문 메시지가 아니라 감정으로 충만한 예화만을 기억할 수 있기 때문이다. 감정에만 호소하면 방향을 잃게 된다. 반대로 너무 논리적인 설명만 있는 예화 역시 청중의 귀를 열지 못한다. 논리만 있으면 맛이 없다. 때로는 숨이 막힐 수 있다. 좋은 설교는 청중의 전인격에 호소한다. 지적으로 동의가 되고 감정적으로 마음이 움직이며 의지적으로 실천하도록 도전해야 한다.

설교든 예화든 간에 논리적인 내용이 들어가야 한다. 사실 논리가 없어서 청중이 귀를 닫는 경우가 비일비재하다.

"설교는 탄탄한 논리적 구성을 갖추어야 한다. 설교가 논리적이지 않으면 청중과의 만남이 이루어지지 않는다. '설교가 이해되었다'라는 말은 논리가 있다는 말이다. 설교는 한 방향이 아니라 쌍방향 소통이다. 청중은 논리적이지 않은 설교에 가슴을 친다. 이해가 안 돼 답답하기 때문이다."[83]

논리와 감정이 적절하게 조화를 이루는 예화를 사용할 때 청중에게 들리는 좋은 설교가 된다. 논리와 감정의 터치가 있는 설교를 위해 설교 준비과정에서 다음의 3가지 질문을 던져본다. 첫째, 오늘 설교에서 청중이 '이해'할 것이 무엇인가? 둘째, 청중이 감동을 받아 '느껴야' 하는 것이 무엇인가? 셋째, 실제로 한 가지라도 '실천'할 것은 무엇인가?

설교는 '이해하고 느끼고 실천하도록' 전인격에 호소하는 것이다. 이것이 설교의 목적이라 할 수 있다. 예화도 마찬가지다. 설교의 목적을 이루기 위해 논리와 감정의 터치가 있는 예화를 사용해야 한다.

"논리만 강조된 설교는 너무 메마르고 차갑게 느껴진다. 감정만 건드리는 설교는 너무 감정적이라 사실을 벗어나서 잘못된 곳으로 빗나갈 위험성이 있다. 그러므로 한 편의 설교 속에서 청중의 지성을 만족시키는 날카로운 논리와 청중의 감정을 유발하는 감정에의 호소, 둘 다 공존할 때 바람직한 설교가 된다."[84]

팀 켈러(Timothy J. Keller) 목사도 논리와 감정의 균형성이 있는 예화에 대해 강조한다.

"설교자는 이야기를 통해 청중의 감정을 휘저어야 한다. 그리고 정
신에 빛을 비추어야 한다. 그런데 감정은 휘젓지만 정신에는 빛을
비추지 못하는 이야기가 있다. 들려주는 이야기가 이 두 가지 과업
을 동시에 수행하는 진정한 예화가 되게 해야 한다."[85]

감정을 움직이고 정신에 빛을 비추는 예화가 청중을 움직인다. 실
례를 찾아보자. 옥한흠 목사의 설교에서 논리와 감정이 함께 사용되는
예화를 찾을 수 있다.

예수님의 열한 제자들은 다 예수님 때문에 순교했습니다. 이들을
위해서 주님이 준비하신 처소는 기가 막힐 것입니다. 주님은 제자
들에게 "너희는 소망을 가져라. 너희가 갈 곳이 있다. 내가 데리러
올 것이다"라고 당부하십니다. 이 소망을 가지면 근심에서 자유로
울 수 있다는 말입니다.
미국에서는 교통이 불편하여서 아이들이 초등학교에 입학하면 부
모가 학교에 데려다주고, 또 때가 되면 데려오고 합니다. 초등학교
에 갓 들어간 학생들은 수업을 마치면 당연히 엄마 차가 있던 곳으
로 갑니다. 만약 엄마 차가 없고 기다려도 오지 않는다면 울고불고
야단이 납니다. 그것을 잘 알기 때문에 부모가 가끔 시간을 맞추지
못할 때는 담임선생님에게 전화합니다. "제가 약속한 시간에 도착

하지 못할 것 같아요. 4시까지 간다고 좀 전해주세요." 그러면 담임 선생님은 아이에게 "네 엄마가 오늘 4시까지 오신대. 이 안에서 장난감 가지고 놀면서 기다리자"라고 말해줍니다.

그 한마디가 아이에게 얼마나 안정감을 주는지, 4시에 엄마가 올 것이라는 약속을 믿고 아이는 혼자 책을 뒤적이든지, 장난감을 가지고 놀든지 하면서 마음 편히 기다리는 것입니다. 신뢰하는 엄마로부터 받은 약속, 그 약속 하나면 다른 아이들이 다 돌아가고 혼자 남아도 걱정하지 않습니다. 시간에 맞추어 엄마가 올 줄 믿기 때문입니다. 이것이 '소망'이 주는 기막힌 은혜입니다.[86]

논리와 감정이 있는 예화의 힘을 믿는가? 청중은 오늘도 논리의 호소와 감정의 터치가 있는 설교를 기다리고 있다.

청중은 생생하게 살아 있는 예화에 감동한다. 뻔한 예화는 청중을 잠들게 한다. 생생한 예화는 어떤 것인가? 생생하다는 말이 잘 다가오지 않는다면 해산물을 판매하는 수산시장에 가보라. 수산시장에 가면 팔딱팔딱 살아 움직이는 생선을 볼 수 있다. 설교자의 입에서 나오는 단어나 문장은 생생하게 살아 있는 말이어야 한다. 설교자가 살아 있지 않으면 청중은 잠들게 된다. 잠들다가 죽게 될지 모른다.

생생한 예화를 위해서 설교자는 글을 쓰거나 말을 할 때 글과 말을 이미지화해서 전달하는 훈련이 필요하다. 그리고 설교문을 구어체 문장으로 작성하는 것이 효과적이다. 그동안 해오던 습관대로 하지 말고 청중을 생각해서 그림 그리듯이 표현해야 한다.

"설교 글을 이미지화해야 한다. 구체적이고 상세하게 묘사해야 한다. 오감을 활용해 글로 표현해야 한다. 문장을 스토리 있게 써야 한다. 상상할 수 있도록 글을 써야 한다. 이미지로 보여줄 수 있을 때 청중은 설교에 반응하고 설교는 들려진다."[87]

생생한 예화 사용에 대한 실례가 있다. 아래의 두 이야기를 비교해 보라. 어느 것이 더 생생한가?

성공적인 만화가로 일생을 보냈던 랄프 바톤은 자신의 60회 생일을 맞아 한 가지 의미 있는 고백을 했습니다. 그는 남부럽지 않게 돈도 벌어보았고 명성도 얻었으며 인기도 얻었다고 했습니다. 또 세계 도처의 명승지마다 별장이 있고 때를 따라 아내를 바꾸어보기도 했지만, 육십 평생 단 하루도 피로가 풀린 날이 없었다고 했습니다. 여러분, 인간이 부러워하는 모든 것을 누린 그가 여전히 피로를 풀지 못한 이유가 무엇일까요?

생생하게 다가오는 예화인가? 그렇지 않다. 이것을 다음과 같이 바꾸어서 예화를 사용하면 생생하게 전달이 된다.

성공적인 만화가로 일생을 보냈던 랄프 바톤은 60회 생일날 지인들에게 이렇게 고백했습니다. "나는 남부럽지 않게 돈도 벌어보았고 명성도 얻었으며 인기도 누렸습니다. 그리고 세계 도처의 명승지마다 별장이 있습니다. 또 때를 따라 아내도 바꾸어보았습니다. 그러나 육십 평생에 단 하루도 내 마음의 피로가 풀린 날이 없었습니다." 여러분, 인간이 부러워하는 모든 것을 누린 그가 한시도 피로를 풀지 못한 이유가 무엇일까요?[88]

이중표 목사의 설교에서 생생한 예화를 발견하게 된다. 성도는 그리스도인이라는 이름에 맞게 살아야 한다고 설교하면서 본인이 경험한 예화를 사용한다.

제가 시골에서 목회할 때의 일입니다. 하루는 심방을 가는데 산 밑에 집이 한 채 있어서 가보았습니다. 폐가처럼 비바람에 지붕은 온데간데없이 흙만 남아 있고 풀이 나 있는데 금방이라도 쓰러질 것처럼 생겼습니다. 그런데 그런 집에도 문패가 하나 붙어 있는데 '김억만'이라고 쓰여 있었습니다. 그래서 심방을 가다 말고 집사님 한 분에게 물었습니다.
"이 집 주인 이름이 김억만 맞습니까?"
"예, 맞습니다."
"누가 지었습니까?"
"할아버지가 지었습니다. 할아버지 아들이 술 먹고 개망나니라 너무 가난하게 사니까 손자라도 돈 많이 벌어서 잘살라고 '억만'이라고 지었답니다."
"그러면 이분은 이름대로 잘 삽니까?"

"웬걸요. 아버지처럼 술만 마시고 사람 노릇 못하니까 부인도 도망 가 버리고 패가망신했습니다."

"이름은 억만인데 사람은 엉망이구먼."

그 집을 막 나오려고 하는데 성령께서 감동하셨습니다.

"그 사람을 두고 그냥 가는 것은 목사의 의무를 저버리는 일이다. 심 방 가는 것보다 전도하는 것이 더 중요하다."

그래서 그 집 안으로 들어가서 "김 선생님, 계십니까?" 하고 불렀습 니다. 그랬더니 안에서 사람이 한 명 나오는데 정말 엉망이었습니 다. 폐인이 따로 없었습니다. 저는 그 사람을 붙잡고 예수 믿으라고 전도했습니다. 누구 하나 찾아오는 사람도 없고 거들떠보는 사람도 없는데 내가 가서 정중하게 전도하니까 감동이 되었던지 교회에 나 간다고 하였습니다.

정말 다음 주일날 그분이 교회에 나왔습니다. 이분이 교회에 나온 이후에 놀라운 일이 생겼습니다. 교회에 나온 지 한 달 만에 부인이 집에 돌아왔습니다. 엉망이던 인생이 예수 믿고 새사람이 되었다고 하니까 돌아온 것입니다. 그때 제가 받은 기쁨은 말로 표현할 수가 없습니다. 한 사람을 전도해서 새사람으로 돌아오게 하는 기쁨이 얼마나 큰지 경험해보지 못한 사람은 모릅니다.

우리는 인생을 살면서 자신에 대해 질문해야 합니다.

"너는 지금 어떻게 살고 있느냐?"

교회에서 부르는 직분이 있습니다. 사회에서 부르는 호칭이 있습니 다. 집에서 부르는 호칭이 있습니다. 그런데 과연 자기 위치에서 그 이름에 맞는 존재로 살아가고 있느냐는 것입니다.

얼마 전에 어떤 분이 우리 교회 마당에 차를 세워놓고 은행에 갔습니다. 그런데 운전이 서툰 우리 교회 집사님이 그 차에 흔적을 내고 말았습니다. 그래서 차에 쪽지를 남겼습니다.

"형제님, 운전 미숙으로 심려를 끼쳐 죄송합니다. 바쁜 일이 있어서 가야 하겠기에 메모를 남기오니 이 연락처로 전화 주십시오. 전화 주시면 성의껏 고쳐드리겠습니다."

은행에 갔던 분이 돌아와서 차에 흔적이 나 있는 것을 보고 속이 상했는데, 메모가 있는 것을 보고 기분이 좋아졌습니다. '야, 이렇게 착한 사람도 있구나. 믿는 자의 양심은 다르구나!' 라고 생각하고, 전화해서 둘이 만났습니다. 만나서 차를 고치고, 또 차 한잔하면서 놀라운 일이 벌어졌습니다. 그분을 전도해서 교회에 나오게 된 것입니다. 우리는 세상 사람을 감동시켜야 합니다. "믿는 자는 다르다." 이것이 세상을 사는 그리스도인의 이름입니다.[89]

예화는 오늘 이 시대를 살아가는 청중에게 시의적절해야 한다. 시간상으로 볼 때 지금 나와 관련 있는 이야기, 현대의 이야기, 한국인 정서에 맞는 이야기를 예화로 사용할 때 청중이 관심을 가진다.

"설교는 실제적이어야 한다. 1800년대 나폴레옹이 우리하고 무슨 상관이 있는가? 오늘 개똥이 엄마가 겪었던 일, 오늘 나의 일과 중에 생겼던 일, 지난밤에 잠 못 이루었던 일을 들려주는 게 백번 낫다. 설교는 내 삶의 현장에서 일어나는 이야기여야 한다. 예수님은 내 삶 속에 있는 실제이다. 밥하는 것과도, 빨래하는 것과도, 아이들을 양육하는 것과도 상관이 있어야 한다."[90]

다음의 시의적절하고 생생한 예화를 들어보자. 특히 설교 서론에서 시의적절한 예화를 통해 청중을 집중하게 만든다.

여러분, 지난 월요일 저녁에 많이 놀라셨지요? 저도 밖에서 식사하다가 깜짝 놀랐습니다. 갑자기 '쾅!' 하는데, 순간 '핵을 쏘았구나!' 하는 생각이 들었습니다. 핵폭탄이 아니면 날 수 없는 굉음이라는 생각 때문이었습니다.
"경북 경주시 남남서쪽 8km 지역 규모 5.1 지진 발생."
잠시 후 스마트폰에 뜬 문자 메시지로 그것이 지진이라는 것을 알았습니다. 우리나라는 상대적으로 지진에 안전한 곳으로 알고 있었는데 그 사건은 너무 큰 충격이었습니다.
집으로 돌아와서 거실에 앉아 있을 때였습니다. 갑자기 천장의 등이 흔들리고 건물이 흔들리기 시작했습니다. 밖으로 빠져나갈 생각도 하지 못한 채 그냥 앉아서 "주여, 긍휼을 베푸소서"라고 기도했습니다. '아, 사람들이 이래서 죽는구나!' 지진이 일어나면 고층 아파트가 무너져 수많은 사람이 한꺼번에 죽거나 다치겠다 싶었습니다. 끔찍했습니다.

잠시 후, 이번에는 규모 5.8의 강진이 동일 지점에서 발생했다는 텔레비전 방송이 나왔습니다. 그것은 우리나라의 1978년 지진 관측 이래 한반도에서 일어난 가장 강한 지진이었습니다. 300여 차례 여진도 있었습니다. 앞으로 6.0 이상의 강진도 일어날 수 있다는 방송도 나왔습니다.

여러분, 우리가 사는 세상은 언제 어디에서도 절대 안전하지 않습니다. 그러면 우리가 이런 불안, 근심, 걱정, 두려움 속에서 어떻게 해야 할까요?

"예수께서 떠나시고 나면 어떻게 사나?" 제자들은 걱정이 태산 같았습니다. 게다가 예수를 죽이려는 사람들과 세력이 점점 더 많아지고 강해지고 있었습니다. 예수님께서도 고난을 겪으시고 죽으실 것을 말씀하셨습니다. 그러니 제자들은 근심에 사로잡힐 수밖에 없었습니다. 이런 상황에서 예수님은 요한복음 14장 27절 말씀을 하셨습니다. "평안을 너희에게 끼치노니 곧 나의 평안을 너희에게 주노라." 이것은 예수님께서 세상을 떠나면서 남기신 유산입니다.[91]

강단을 살리고 잠든 청중을 깨우는 예화는 시의적절한 생생한 예화이다.

06 성경 예화를 사용하라

성경은 예화의 보물 창고와 같다. 성경 안에 있는 인물, 사건, 이야기, 이미지 등 예화로 활용할 수 있는 자료가 무궁무진하다. 부지런히 성경을 가까이해야 한다. 물론 예화를 찾기 위해서 성경을 열어서는 안 되지만 성경 안에는 살아 있는 하나님의 이야기가 가득하다.

쉬운 예로 청중에게 말씀대로 순종하며 살아야 한다는 동기부여를 주기 위해 아브라함의 이야기를 사용할 수 있다. 불순종의 죄를 지었을 때 회개의 중요성을 일깨우기 위해 요나 선지자가 물고기 배 속에서 회개하는 예화를 활용할 수 있다. 물론 단순히 성경의 사건만을 전달한다면 이미 다 알고 있는 내용이기에 지루하고 흥미가 떨어질 수 있다. 뻔한 예화가 된다. 성경 이야기를 예화로 사용할 때 각색이 필요하다. 창조성이 가미되어야 한다. 그렇다고 성경 이야기를 왜곡하라는 말이 아니다. 성경 이야기를 평범하게 전할 것이 아니라 청중이 성경 이야기의 현장에 있는 느낌을 줄 정도로 실감 나게 전해야 한다.

김서택 목사는 사랑에 대한 주제를 가지고 설교하면서 '선한 사마리아인 비유'의 성경 이야기를 예화로 사용한다.

우리가 다른 사람을 진정으로 사랑하기 위해서는 그 사람을 잘 이해해야 합니다. 예수님께서는 이웃을 사랑하는 계명을 설명하시면서 여리고로 내려가다가 강도 만난 사람을 예로 드셨습니다.

그는 사마리아 사람이었습니다. 그에게 아픔을 주고 고통을 주던 한 유대인이 길에 쓰러져 있습니다. 그는 유대인을 자세히 보았습니다. 중상이었습니다. 지금 누군가가 그를 도와주지 않으면 그는 죽을 수밖에 없습니다. 그는 모든 것을 다 알았습니다. 이 사람은 유대인이었습니다. 그가 가장 싫어하는 부류의 사람이었습니다. 그러나 그는 계획을 세웠고 일관되게 그 계획을 추진했습니다. 그를 짐승에 태우고 여관으로 데리고 가서 치료받게 하고 나중에 다시 들르기로 했습니다.

여러분, 누군가를 사랑하려면 먼저 상대방에 대해 이해해야 하고 그다음에는 계획을 세워야 합니다. 그리고 순전히 자신의 부담과 희생으로 그 일을 추진해 나가야 합니다. 이것이 사랑입니다. 만약 우리가 사람들을 만나서 서로 기분 좋게 아첨이나 하고 좋아하는 사람끼리 만나서 웃고 떠드는 것을 사랑이라 생각한다면 그것은 큰 오해입니다.[92]

이동원 목사는 아브라함 설교를 하면서 성경 이야기를 예화로 활용한다.

본문에는 직접 나타나 있지 않지만, 본문의 맥락을 살펴볼 때 하나님께서 아브라함이 회개하게 하십니다. 제가 목회를 통해 많은 사람을 대하면서 확실히 느끼는 것은 회개는 전적으로 하나님의 은혜라는 것입니다. 은혜받지 않으면 사람들이 회개하는 모습을 볼 수가 없습니다.

여러분, 탕자의 사건을 한번 생각해 보십시오.

탕자의 아버지가 "너 집에 돌아오지 않으면 죽인다"라고 해서 탕자가 회개합니까? 아닙니다. 탕자는 아버지가 나누어준 재산을 모두 탕진했습니다. 그리고 돌아옵니다. 그는 아버지의 아들로서 돌아온 것이 아니라 '아버지가 나를 그냥 품꾼의 하나로만 맞아주셔도 좋겠다'라는 이런 기대를 하고 무거운 발걸음으로 자기 집을 향하고 있었을 것입니다.

그런데 성경에 보면 아버지가 먼저 보고 달려 나옵니다. 아마도 탕자가 한 걸음 옮길 때 아버지는 열 걸음 달려나갔을 것입니다. 그리고 아들을 품에 안고 입을 맞춥니다. "이 내 아들은 죽었다가 다시 살았고 잃었다가 다시 찾은 아들이다."

그때 이 탕자가 무슨 고백을 했으리라고 생각하십니까? 그때 저는 이 둘째 아들의 마음속 깊은 곳에서 오열하며 터져 나온 어떤 고백이 있었을 것으로 생각합니다. 그 아버지의 사랑이 아들의 가슴을

녹였고 아버지의 변함없는 사랑과 은혜 때문에 아들에게 진정한 의미에서의 회개가 가능할 수 있었습니다.

회개는 "너! 회개 안 하면 죽어", 그래서 되는 게 아닙니다. 자녀를 기를 때도 조건 없이 사랑을 주십시오. 푸근한 사랑, 넉넉한 사랑에 녹아들 때 회개가 이루어지는 것입니다. 이 하나님의 은혜가 아브라함을 회개케 한 것입니다.[93]

성경 예화를 사용할 때 전달의 효율성을 높이기 위해 상상력을 동원해서 자세히 묘사하고 생생하게 표현해야 한다. 스티븐 매튜슨(Steven D. Mathewson)은 여호수아 6장 설교에서 성을 포위하는 전쟁에 관한 이야기를 다음과 같이 실감 나게 설명했다.

여리고성은 굳게 닫혔습니다. 사람들이 요새로 들어가서 문을 걸어 잠그고 있으면 그곳을 공격한다는 것은 매우 어려운 일입니다. 성벽에 가까이 가기만 하면 성벽 높은 곳에 있는 파수꾼들이 화살을 쏘고 뜨거운 기름을 쏟아붓고 커다란 돌을 던질 것입니다. 파수꾼은 입구를 감시하고 있습니다. 입구가 성벽 중에 가장 약한 부분이기 때문에 이중 삼중으로 장치를 해놓았습니다. 한 곳을 통과해도 또 두세 개의 문이 남아 있습니다. 그래서 성벽을 부술 공격용 망치가 필요할 것입니다. 그러나 실제로 성벽을 뚫는 것은 수 주일, 심지어 몇 달이 걸릴 수 있습니다. 성벽을 올라가는 것은 더욱 어렵습니다. 커스터(Custer) 장군처럼 높은 성벽을 오르기 전에 갑옷을

입어야 할 것입니다.[94]

성경 이야기를 예화로 사용하는 것의 중요성을 문성모 목사는 다음과 같이 강조한다.

"성경의 이야기는 평생을 반복해도 성경 말씀이기 때문에 지루하지 않고, 항의도 없기에 목회자는 성경 속의 이야기들을 예화로 잘 활용해야 한다. 성경의 이야기를 예화로 사용할 때에 성경 본문의 이야기를 그냥 그대로 복사해서 쓰지 말고 각색을 해야 한다. 그러기 위해 설교자는 성경의 행간(行間)을 읽을 줄 알아야 하며, 성경 이야기에 살을 붙이고 신경을 살리고 피를 통하게 하여 오늘 듣는 청중에게 실감을 줄 수 있어야 한다."[95]

강단을 살리는 생명력 있는 예화는 성경 예화이다. 성경 이야기를 예화로 사용하는 것에 주저하지 말라.

인간미 있는 삶의 예화를 사용하라

청중은 이야기를 좋아한다. 설교에 쓰이는 좋은 예화는 이야기의 형식(storytelling)을 취한다.[96] 삶의 이야기를 예화로 전달할 때 이야기가 살아 있는 듯이 들려지도록 해야 한다. 자연스럽게 전달하되 연출하거나 조작하지 말아야 한다.

"이야기하는 동안에는 이야기를 최대한 현장감 있게 살려내는 게 좋다. 설명하고 있는 상황을 설교자가 직접 겪고 있다고 상상하면 더욱 실감 나게 이야기할 수 있다. 세부적인 내용을 감칠맛 나게 표현하여 청중을 그 상황 속으로 끌어들여야 한다."[97]

삶의 이야기를 생동감 있게 들리게 하려면 설교에서 사용하는 단어나 문장을 확인해야 한다. 설교자는 자신의 말과 글을 청중의 관점에서 잘 들리도록 다듬어야 한다.

"설교자는 간결하면서도 설득력 있게 언어를 구사할 수 있는 훈련을 해야 한다. 같은 말이라도 심령을 움직이는 표현이 있는가 하면 허공으로 사라지는 말도 있다. 막연한 말로 잠재우는 언어가 있는가 하면 실감 나게 보여줌으로써 영혼을 깨우는 언어가 있다. 의미를 명확하게 드러내지 못하는 말은 피해야 한다. 가장 적절한 한 단어를 찾기 위해 부단히 노력하는 사람, 그가 진정한 설교자이다."[98]

설교문 작성만이 아니라 실제 전달 연습도 중요하다.

"이야기를 예화로 사용하여 청중에게 메시지를 전달하기 위해서는 이야기하는 것을 연습해야 한다. 이야기를 탁월하게 잘하기 위해서는 이야기를 가지고 현장으로 곧장 뛰어들기보다는 일단 밖에서 어떻게 하면 청중에게 이야기를 효과적으로 전달할까를 생각하며 어조, 몸짓, 말하는 호흡 등을 연습하는 것이 좋다."[99]

청중을 말씀 앞으로 인도하려면 삶의 이야기에서 인간미(人間味)가 느껴지는 예화를 사용하는 것이 효과적이다. 지금은 너무 삭막한 시대이다. 웬만해서 울거나 웃지 않는다. 물론 울고 웃는 감정이 전부가 아니지만 감동이 메말라 있다. 설교를 듣는 청중은 기계가 아니다. 청중은 감동받기를 기대한다. 인간미가 가득한 예화는 청중의 식어있고 냉랭한 마음을 따뜻하게 데운다.

옥한흠 목사는 인간미가 있는 삶의 이야기를 설교 예화로 사용하는 데 있어서 좋은 예를 보여준다.

몇 년 전에 교회에서 소록도의 한센병 환자들이 초빙되어 와서 하모니카 연주회를 한 적이 있었습니다. 손가락도 없는 손에다가 하모니카를 끼워서 비뚤어진 입으로 신나게 불어대던 그 사람들의 기막힌 모습이 아직도 우리 마음속에 남아 있습니다. 눈물 없이는 볼 수 없는 감격의 순간이었습니다. 그런데 연주하는 도중에 소록도에서 간호사로 수고하는 믿음 좋은 자매가 강단에 올라와서 간증했습니다. 그 자매의 입에서 나온 첫마디는 저에게는 하나의 원자폭탄이었습니다. "세상은 참으로 공평하다고 생각합니다."

이 말 한마디에 저는 굉장한 충격을 받았습니다. 이어서 그 자매는 이렇게 말을 했습니다. "한센병 환자들에게는 건강한 사람이 갖지 못하는 감사의 조건이 있습니다. 그들에게도 웃음이 있고 만족이 있습니다. 어떤 면에서는 그들이 건강한 사람보다도 더 행복할지 모릅니다. 그들은 생에 대한 탐욕을 다 버린 사람들이고 마음을 완전히 비운 사람들입니다. 그러므로 마음을 비우지 못한 건강한 사람들이 보지 못하는 행복과 만족이 있습니다. 그래서 오늘도 기뻐하고 찬송하는 것입니다."

그 자매는 이런 요지의 간증을 했습니다. 제가 소록도에 가서 집회를 인도할 때 한센병 환자들과 접촉하면서 이 사실을 볼 수 있었습니다. 우리가 알지 못하는 기쁨이 그들에게 있는 것을 보았습니다. 이런 의미에서 인생은 공평한 것입니다.[100]

하용조 목사의 인간미가 느껴지는 감동적인 예화가 있다.

이제는 천국에 가서 영광스러운 삶을 살고 계실 영락교회의 권사님이자 이화여자대학교의 교수였던 한 분이 기억납니다. 제가 영국에 있을 때도 그분의 편지를 가끔 받았는데, 그분의 아들이 근육이 말라 가는 절망적인 불치병에 걸렸습니다. 권사님은 하나님께 3년 동안 간절히 기도했고, 그 아들은 병에서 치유를 받고 살아났습니다. 그 아들은 가끔 우리 교회에 휠체어를 타고 나옵니다.

그런데 이번에는 이 권사님이 유방암에 걸렸습니다. 자기 아들을 살려주신 하나님이 자신도 살려주실 것이라고 굳게 믿었습니다. 그러나 두 번이나 수술했는데 실패했습니다. 방사선 치료를 해서 머리가 다 빠졌고 손이 심하게 부었습니다. 저한테 편지하기를 오른손으로 편지를 쓸 수 없어서 왼손으로 타자를 친다고 하였습니다. 너무 고통스러울 때는 하나님을 부인하는 말을 하고 싶을 정도였답니다. 아무리 기도해도 응답이 없었습니다.

어느 날, 기도할 때 하나님이 이런 응답을 주셨다고 합니다. "네 아들은 병 고침을 받고 살아서 내게 영광을 돌리고 너는 죽어서 내게 영광을 돌리느니라." 권사님은 그 순간에 하나님의 뜻에 순종하기로 작정하고 무엇인가 생각을 해보았습니다. 그랬더니 자기가 똑똑하고 돈도 있어서 시댁, 친정 식구들을 다 먹여 살렸는데 돈을 주면서 상처를 안 준 사람이 없더랍니다.

그래서 그 사람들을 다 불러 모았습니다. 상처를 주었던 한 사람 한 사람에게 다 사과하며 용서를 구하고 잘못했다는 고백을 했는데, 그렇게 한 것이 1년이 걸렸다고 합니다. 마음에 걸리는 사람들은 다 만나 사과했습니다. 그래서 마지막 순간에 그분을 위로하러 갔던 사람들은 오히려 자신들이 다 은혜받고 돌아갔습니다. 그분은 그렇게 하나님께 영광 돌렸습니다. 살아서 영광을 돌릴 수 있고, 또 죽어서 영광을 돌릴 수도 있습니다. 사나 죽으나 우리는 그리스도의 것입니다.[101]

인간미 있는 삶의 예화를 위해서 설교자에게 필요한 것이 무엇일까? 시와 소설을 읽고 영화를 감상하고 음악을 들으며 감성이 메마르지 않도록 해야 한다. 따뜻한 사람 냄새가 나는 사건을 직간접적으로 경험하는 것도 좋다. 강단에서 인간미가 가득한 삶의 예화를 통해 청중을 생명의 말씀 앞으로 인도하자.

예화는 한 편의 드라마와 같이 청중을 끄는 힘이 있다. 어떤 예화인가? 설교자 자신이 직접 경험한 1인칭 예화이다. 1인칭은 대화를 하는 상대방이나 멀리 있는 제삼자가 아니라 설교자 본인을 가리킨다. 1인칭 예화는 설교자 자신의 이야기이기 때문에 힘이 있고 확신이 느껴진다. 청중은 주일 아침 예배에서 설교자의 개인 이야기를 듣고 싶어 한다.

맥스 루케이도(Max Lucado) 목사의 1인칭 예화를 들어보자.

바리새인들은 어떠했습니까? 그들이 원래 악한 사람이거나 범죄자, 또는 종교적 목적을 위해 살인하는 사람들이었을까요? 그렇지 않을 것입니다. 그들은 당시의 목사였고 선생들이었어요. 그런데 그들이 예수님께 어떻게 했습니까? 유대 지도자들이 시기하여 예수를 붙잡아 온 것이지요. 그리고 바로 저, 맥스 루케이도. '질투의 화신' 명단을 작성한다면 결코 빠져서는 안 되는 인물입니다. 저는 친구에게 옆 동네의 한 교회에 관해 들었을 때 속에서 타는 연기 냄새를 맡았던 사람입니다. "그 교회는 정말 대단해! 예배 때마다 사람들로 교회가 터져 나간다는군. 우리 동네에서 제일 큰 교회라지 아마."

제가 좀 더 영적인 사람이었다면 그 말에 기뻐했을 겁니다. 제가 좀 더 성숙한 사람이었다면 하나님께 감사드렸을 겁니다. 그러나 그 소식을 들은 저는 성숙한 인격으로나 영적으로 반응하지 않았습니다. 질투에 가득 찬 반응을 보인 거지요. 제가 그랬다는 게 믿어지십니까? 하나님의 역사를 기뻐하기는커녕 저 자신의 일에만 사로잡혀 있었습니다. 저는 우리 교회가 가장 크고 잘나가는 교회이기를 바랐던 것입니다. 구역질 나지 않습니까? 그러나 우리 주님은 제가 그런 땅따먹기 같은 유치한 게임을 오랫동안 하고 있도록 내버려 두지 않으셨습니다. 제게 깊은 깨달음의 순간을 주셔서 교회의 주인은 제가 아니라 주님이심을 깨우쳐주신 것입니다. 그리고 제 인생의 주인도 제가 아니라 주님이심을 말입니다.[102]

전달의 효과가 높은 1인칭 예화를 사용할 때 3가지를 고려하는 것이 필요하다. 첫째, 설교자가 왜 자기 이야기를 사용하려고 하는지 생각해야 한다. 엄밀히 말해 설교는 설교자가 자기 이야기를 하는 시간이 아니다. 청중은 하나님의 말씀을 듣기를 원한다. 둘째, 설교자의 삶의 경험과 본문의 메시지를 연결시킬 수 있어야 한다. 본문과 동떨어진 자기 이야기는 설교자를 '이야기꾼'으로 만든다. 이는 곧 청중을 피곤하게 하는 것이다. 셋째, 1인칭 예화를 통해 설교자도 청중과 똑같이 하나님 앞에서 신앙적인 고민과 갈등이 있는 한 인간임을 보여주어야 한다.

"설교자의 개인적인 이야기는 청중에게 설교자도 강단 바깥의 생활이 있음을 상기시킨다. 설교자의 인간적인 면을 보여주며 청중에게 기꺼이 자신의 약점을 드러내려는 설교자의 의지도 보여준다. 개인적인 이야기는 설교자를 청중 주변에서 분투하는 삶을 사는 사람으로 묘사할 것이다. 개인적인 이야기가 현명하고 제한적으로 사용될 때 본문을 효과적으로 이해하는 데 도움을 준다."[103]

한국교회에서 1인칭 예화를 잘 사용하는 설교자가 이찬수 목사이다. 이찬수 목사의 설교를 분석한 신성욱 교수는 이렇게 설명한다.

"이찬수 목사는 청산유수 같은 달변가가 아니다. 경상도 사투리에다 투박한 어투로 설교한다. 하지만 그 누구도 그를 설교 못 하는 목사라 하지 않는다. 오히려 그 반대이다. 자신의 실수와 허물을 먼저 적용하는 진솔한 설교에 성도들은 물론 목사들도 깊은 감동을 받는다. 스스로의 삶을 있는 그대로 노출시켜 청중과 하나 되고자 하는 자세가 오늘의 그와 그 교회를 만든 것이다."[104]

경험상, 설교자가 자기 자랑을 하거나 스스로 자기를 내세우면 청중은 마음을 닫는다. 오히려 자신의 부족하고 연약한 점을 오픈하면 청중이 마음을 쉽게 열게 된다. 그렇다고 강단에서 항상 설교자의 부족함이나 실수만을 말하라는 것이 아니다. 그러면 설교자가 권위를 잃을 수 있다. 설교자가 자신이 말씀대로 살아서 승리한 이야기와 더불어 한 인간으로서 부족한 면을 균형적으로 보여주는 것이 좋다.

1인칭 예화에 있어서 지나치게 개인적인 예화를 사용하지 말아야 한다. 목회자의 자녀 이야기, 사모 이야기 등 가족 이야기를 통해 사생활을 쉽게 노출하는 것은 좋지 않다. 목회자 가정도 오픈이 필요하지만 가족에 대한 신변 이야기를 해서 웃음거리로 만들거나 괜한 오해를 주지 말아야 한다. 또한 설교자가 성도들과 상담을 하거나 성도들을 심방하면서 알게 된 개인적인 이야기를 예화로 사용하지 말아야 한다. 이득보다 손해가 크다. 당연하다. 설교자는 성도의 사생활뿐 아니라 설교자 가정의 사생활도 존중하고 지켜주어야 한다.

나 자신과 가족에 관한 이야기를 해야 할 때 이렇게 말하는 것이 지혜롭지 않을까? "개인적인 이야기를 해서 죄송합니다만…, 저의 자랑 같아서 송구하지만… 이해하고 들으시면 좋겠습니다." 설교자의 1인칭 자기 이야기는 청중에게 감동과 도전을 주기도 하지만 청중의 심기를 불편하게 할 수도 있다.

채경락 목사도 이 부분을 이렇게 설명한다.

"예화는 메시지를 보여주는 창이면서 동시에 설교자 자신을 보여주는 창이다. 설교자가 즐겨보는 TV 프로그램, 설교자의 성장 배경과 친구들, 때로는 설교자의 가정생활과 소소한 취미생활까지 생각지도 못한 많은 정보가 은연중에 예화를 통해 청중에게 전달된다. 불필요한 오해를 사지 않도록 주의가 필요하다."[105]

이찬수 목사의 자기 경험이 담겨 있는 1인칭 예화를 소개한다. 설교자 자신의 경험과 생각을 진솔하게 고백하면서 청중을 말씀 안으로 이끌고 있다.

스티브 잡스가 생존해 있을 때 저는 그가 하는 말 중에 이 한마디에 큰 감동을 받았습니다. 그는 한 인터뷰에서 이런 말을 했습니다. "무덤에서 가장 부자가 되는 일 따위는 중요하지 않다. 매일 밤 '오늘 정말 놀라운 일을 했다'고 말하는 것, 그것이 나에게 중요하다." 정말 멋진 말 아닌가요? 그러나 막상 스티브 잡스가 죽고 나자 이 말에 대해 다시 생각해 보게 되었습니다. 이런 생각이 들었기 때문입니다. '그렇게 매일 밤 황홀한 성공을 노래하며 잠자리에 들었다 한들 죽고 나서 갈 곳이 없다면 그것이 무슨 소용이 있겠는가?'

스티브 잡스가 죽던 해 10월, 집회차 괌에 다녀온 적이 있습니다. 비행기 안에는 신혼여행을 떠나는 신혼부부가 정말 많았습니다. 그때 저는 2주간의 특별 새벽 부흥회를 마친 직후여서 육체적으로 매우 피곤한 상태였던 데다가 신혼부부들로 가득해 어디다 눈을 둬야 할지 모르겠는 주변 풍경 때문에 아예 눈을 감아버렸습니다. 게다가 신혼여행에 대한 기대로 들뜬 그들과 달리 저는 놀러 가는 것이 아니었습니다. 괌에 도착해 숙소에 올라가 창문을 여니 아름다운 해변이 한눈에 들어왔습니다. 그 아름다운 풍경을 바라보며 저는 이렇게 다짐했습니다. '나는 이곳에 휴양하러 온 것이 아니다. 밖에 나가 저 아름다운 해변을 걸어보고 싶기도 하고 바다에 발도 담그고 싶지만 나는 의지적으로 집회 준비만 한다. 나는 놀러 온 것이 아니다.'

그러고는 정말 나흘 동안 식사 때나 예배 인도하러 갈 때를 제외하고는 숙소 밖으로 나가지 않았습니다. 그렇게 괌에서의 일정을 마치고 마지막 날 저녁 집회가 끝나자마자 새벽 3시 20분 비행기를 타기 위해 공항으로 향했습니다. 한국에 돌아가 할 일이 쌓여 있었기에 여유 부릴 시간이 없었습니다. 그렇게 휴양지로 유명한 괌에 가서 실컷 일만 하다 돌아왔습니다. 돌아오는 비행기 안에도 역시 신혼부부가 많았습니다.

그런데 그때 그 순간이 지금도 생생하게 제 가슴에 남아 있습니다. 짐이라고는 노트북 하나 달랑 들고 비행기에 탑승하기 위해 긴 복도를 뚜벅뚜벅 걸어가는데, 마음속에 기쁨이 몰려왔습니다. '야, 나 집에 간다. 나 집에 간다.'

집에 가봐야 좋을 것 하나 없었습니다. 창문만 열어도 멋진 풍광이 펼쳐지는 괌과는 달리 빽빽한 건물만 가득하고, 아이들은 정신없이 소리 지르며 뛰어다니고 있을 것이고, 내가 도와주어야 할 집안일도 쌓여 있을 터였기 때문입니다. 그런데도 그저 집에 간다는 생각만으로 가슴이 벅차올랐습니다. 괌의 경치고 뭐고 아쉬운 것이 하나 없었습니다. 한참 기뻐하다가 문득 마음에 한 가지 소원이 들었습니다. '내 인생이 끝나는 날도 이랬으면 좋겠다.'

비록 이 땅에서 많은 것을 누리고 즐기며 소풍처럼 살지는 못할지라도 내 삶이 끝나는 날 '나 집에 간다. 사랑하는 우리 주님이 기다리는 집에 간다'는 마음으로 설렘과 기쁨 가득 안고 이 땅을 떠나면 좋겠다는 간절한 소원이 생겼습니다. 이런 생각을 하며 비행기 안으로 걸어 들어가는데 전율이 느껴졌습니다. 그러면서 하나님께 이렇게 기도했습니다. "하나님, 제 인생이 마무리될 때 오늘 같은 기쁨을 주시옵소서. 제 인생이 끝날 때 비참하게 미련이 남아서 눈 못 감고 죽는 인생이 아니라 평안하게 '집에 간다, 집에 간다, 아버지 집으로 간다'는 설렘으로 기쁘게 떠날 수 있게 하옵소서."[106]

1인칭 예화 사용에 있어서 추가로 생각할 것이 있다. 예화를 말할 때 설교 원고를 보고 읽지 않는 것이다. 1인칭 예화는 설교자 본인의 이야기이다. 자기 이야기를 하는데 원고를 보면서 책을 읽듯이 말하는 설교자가 있다. 너무 어색하다. 예화를 내 것으로 소화하고 사람들과 눈을 맞추며 자연스럽게 말해야 한다.

1인칭 예화는 청중에게 들리는 설교를 위한 강력한 도구이다. 설교자는 삶의 경험들을 살피고 그것에서 의미를 발견하여 설교에 맛을 더하는 예화로 창조해야 한다.

지금까지 8가지 예화 사용법에 대해 나누었다. 8가지 예화 사용법을 본문의 메시지와 설교의 주제에 맞게 적절하게 사용한다면 강단은 달라질 것이다.

"목사님, 설교가 달라졌어요. 말씀이 기다려져요."

이런 청중의 목소리를 듣게 될 것이다.

예화는 메시지를 보여주는 창이면서 동시에 설교자 자신을 보여주는 창이다. 설교자가 즐겨보는 TV 프로그램, 설교자의 성장 배경과 친구들, 때로는 설교자의 가정생활과 소소한 취미생활까지 생각지도 못한 많은 정보가 은연중에 예화를 통해 청중에게 전달된다. 불필요한 오해를 사지 않도록 주의가 필요하다.

"성도들이
교회 오는 길을
행복하게 해주 책!"

PART 04

청중을 움직이는
맛깔스러운 예화 사용의 실례

TV를 틀면 먹방(먹는 방송), 쿡방(요리하는 방송) 등 요리와 관련된 방송 프로그램을 많이 볼 수 있다. 그중에서 어떤 음식 재료를 쓰며, 어떻게 요리를 하는지 셰프들이 레시피를 자세히 공개하는 프로그램도 있다. 지금까지 적절한 예화 사용에 대한 이론적인 내용을 다루었다. 이제 이론적인 근거를 바탕으로 실제 설교에서 예화를 어떻게 사용하는지, 예화 사용의 레시피를 공개하고자 한다.[107]

설교에 있어서 좋은 모델이 되는 설교자들의 설교문 전체를 살펴보고자 한다. 대표적인 설교자로 국내 설교자 3명과 국외 설교자 2명을 찾아보았다. 청중을 움직이는 맛깔스러운 예화 사용을 통해 영혼을 살리고 강단에 영적 부흥을 가져오는 일에 쓰임받는 설교자들이 되기를 기대한다.

● 설교자 : **권성수 목사**[108]
● 설교 본문 : **야고보서 2:1-7**
● 설교 제목 : **사람을 차별하지 마세요**[109]

비행기의 좌석에는 일등석 퍼스트 클래스, 이등석 비즈니스 클래스, 삼등석 이코노미 클래스가 있습니다. 티켓 구입비로 비교해보면 일등석은 삼등석의 5배가 조금 넘는다고 합니다. 좌석과 좌석 사이의 간격은 일등석은 2m, 이등석은 1m 13cm, 삼등석은 87cm입니다. 일등석은 탑승객 4인당 승무원이 1명인데 비해 이등석은 탑승객 대 승무원의 비율이 10:1, 삼등석은 50:1입니다. 탑승 전의 라운지 서비스도 삼등석은 별도의 라운지가 없지만 이등석 이상은 탑승 전 휴식을 취할 수 있는 공간이 있습니다. 이곳에선 음료와 다과가 무상으로 제공되는가 하면 일등석 라운지에는 샤워실과 최고급 안마 의자가 비치되어 있기도 합니다. 식사에서도 차이가 납니다. 삼등석은 식사와 디저트가 한 번에 제공되지만 이등석 이상은 메인과 디저트가 시간 차이를 두고 제공됩니다. 제공되는 식기도 다릅니다. 일등석은 본차이나, 이등석은 도기, 삼등석은 플라스틱 식기가 제공됩니다.

여러분은 몇 등석에 타 보셨습니까? 저는 일등석에 평생 딱 한 번 타 본 경험이 있고, 나머지는 지금까지 계속 삼등석에 타고 있습니다. 세상살이에는 돈에 따라 대우가 달라지는 것이 상례입니다. 교회에도 이런 차별 대우가 있을까요? [110]

교회 안에서도 이렇게 사람을 차별한다면 어떻게 될까요?

1. 차별의 현실 (2-4절)

교회에서는 절대로 있어서는 안 되는 일이 야고보 당시 유대인 디아스포라 회당에서 있었습니다. 유대인들은 흩어져 사는 곳마다 성인 남성 10명이 있으면 회당을 지었습니다. 회당은 헬라어로 '쉬나고게' 인데 이것은 '함께 모이는 장소' 라는 뜻입니다. 야고보가 편지를 쓸 당시 흩어진 유대인 기독교인들은 아직 교회를 따로 마련하지 못하고 회당에서 예배를 드렸던 것 같습니다. 유대인 기독교인들이 '회당' 을 '교회' (에클레시아)로 바꾸기 전에 쓴 편지였기 때문에 야고보는 본문 2절에 "너희 회당"이라고 했습니다.

"만일 너희 회당에 금가락지를 끼고 아름다운 옷을 입은 사람이 들어오고 또 남루한 옷을 입은 가난한 사람이 들어올 때에"(2절). 당시 금가락지는 부의 상징이었습니다. 가난한 사람은 금가락지를 꿈도 꾸지 못했지만 부자들은 금가락지를 끼고 자신의 부를 과시했습니다. 요즘 같으면 다이아몬드 반지를 낀 사람이 머리칼을 만지는 척하면서 자신의 다이아몬드 반지를 자랑하는 것과 같습니다. 당시에는 금가락지를 낄 때 요즘 우리처럼 넷째 손가락에만 끼지 않았습니다. 가운뎃손가락을 제외한 모든 손가락에 금가락지를 꼈습니다. 본문의 '아름다운 옷'은 번쩍번쩍 빛나는 최고급 옷입니다. 요즘 같으면 명품으로 온몸을 두른 셈이지요.

다이아몬드 반지에 옷도 명품, 핸드백도 명품, 머리칼은 슈퍼모델급, 얼굴은 스타급 연예인 같은 사람이 교회에 들어오고, 이와 정반대로 남루한 옷을 걸친 가난한 사람이 들어온다고 상상해 봅시다. 후자는 언뜻 보아도 몇 달 동안 세탁과 목욕을 하지 않은 노숙인 차림입니다. 이런 두 부류의 사람이 동시에 교회로 들어온다면 여러분은 어떤 반응을 보이시겠습니까?

"너희가 아름다운 옷을 입은 자를 눈여겨보고 말하되 여기 좋은 자리에 앉으소서 하고 또 가난한 자에게 말하되 너는 거기 서 있든지 내 발등상 아래에 앉으라 하면"(약 2:3). 당시 디아스포라 교인들은 금가락지에 빛나는 옷을 입은 사람을 눈여겨보다가 "여기 좋은 자리에 앉으세요"라고 하면서 자리를 내주었습니다. 당시의 회당은 요즘 교회와 달라서 맨 앞자리의 좋은 곳에만 의자가 있었고, 그 외에는 그저 맨바닥이었습니다. 부자가 교회 안으로 들어오면 교인들이 좋은 의자를 내주면서 거기 앉으라고 한 것입니다. 그러나 가난한 사람이 들어오면 "거기 서 있든지 내 발등상 아래에 앉으라"고 했습니다. 서 있든지 아니면 발치 맨바닥에 앉으라는 것입니다.

미국 플로리다주 어떤 유대인 회당에서 있었던 일입니다. 어떤 사람이 친구 유대인에게 예수님을 믿으라고 말하자 그 유대인은 "오, 우리 회당을 구경하러 가지 않겠습니까?"라고 했습니다. 그는 "예, 그러지요. 회당에 가본 적은 없지만 어쨌든 좋습니다"라고 하며 유대인 친구와 함께 회당에 갔습니다.

그 회당은 부자들이 사는 특수 지역에 있는데 건물이 정말 아름다웠습니다. 회당 안 어느 자리에 이르자 유대인 친구는 "우리 가족은 여기 앉아요"라고 했습니다. 예수님을 믿는 친구가 "항상 여기 앉으세요?"라고 묻자, 유대인 친구는 "그럼요. 여기는 우리 좌석입니다"라고 했습니다.

예수님을 믿는 친구가 놀라며 의아해하자, 그 친구는 "우리가 이 좌석을 샀습니다"라고 말했습니다. 야고보 당시나 지금이나 회당에는 일등석과 삼등석이 따로 있나 봅니다. 월드컵 경기장의 S석이나, 예술의 전당 S석같이 회당의 특별석은 돈으로 살 수 있는가 봅니다.[111]

여러분, 한번 생각해 보십시오. 예수님의 가족이 신분을 숨기고 이런 회당을 방문했다면, 어떻게 되었을까요? 아버지 요셉은 목수로 가난했으며 어머니 마리아도 해산할 방 하나 구하지 못할 정도였으니 가난했습니다. 형 예수님도 목수의 아들이자 목수로 가난했고 동생 야고보도 가난한 집안의 아들로 태어나 자랐으니 역시 가난했습니다. 이러한 예수님의 가족이 그런 회당에 들어간다면 사람들이 어떤 반응을 보였을까요? "아, 여기 가장 좋은 특별석에 앉으십시오"라고 했을까요? 아니면 "거기 섰든지, 여기 땅바닥에 앉든지 하시오"라고 했을까요?

"너희끼리 서로 차별하며 악한 생각으로 판단하는 자가 되는 것이 아니냐"(약 2:4). 야고보는 이런 현상을 두고 어떻게 평가했습니까? "이것은 사람을 차별하는 것이다"라고 분명하게 지적했습니다. '저 사람은 금가락지를 끼고 반짝이는 옷을 입었으니 대단한 VIP야! 저 사람은 남루한 옷을 입은 걸 보니 형편없는 노숙자야!'라고 생각하는 것은 사람의 액세서리와 옷, 즉 외모로 사람을 판단한 것입니다. 이것은 "악한 생각"으로, 외모로 사람을 판단하고, 그런 판단에 근거하여 사람을 차별하는 것입니다.

진화론을 따라가는 사람이라면 이런 평가를 할 수 있을까요? 진화론은 생명체가 생명이 없는 무기물에서 진화한 후 단세포에서 다세포로, 그리고 마침내 인간에까지 진화했다고 주장합니다. 진화론은 생물 중 살아남기 위한 변종이 하나씩 생기면서 그것이 생존에 더 유리할 경우 적자생존을 하여 오늘의 인간이 되었다고 주장합니다.

진화론에 따르면 부자는 생존에 더 유리하게 살아남은 존재가 됩니다. 부자는 약육강식, 적자생존의 원리에 따라 잘살고 있는 셈이 됩니다. 진화론을 따라간다면 굳이 야고보처럼 부자에게 좋은 자리를 내어주고 빈자에게 서 있거나 발치에 앉으라고 하는 것은 전혀 "악한 생각"이 아닙니다. 진화론에 의하면 경쟁에서 살아남아 잘살게 된 부자와 경쟁에서 떨어져 못살게 된 빈자의 차별은 문제가 되지 않습니다.

진화론은 과학도 아니고 올바른 사상도 아닙니다. 하나님의 말씀을 보면 진화론이 아니라 창조론이 맞습니다. 야고보는 하나님이 인간을 창조하셨다는 창조론의 전제하에서 사람이 부한가 가난한가에 따라 그 사람을 판단하는 것을 악하다고 한 것입니다. 모든 사람은 하나님의 형상으로 만들어진 고귀한 존재이기 때문에 빈부에 근거하여 사람을 차별한 것을 악하다고 한 것입니다.[112]

빈부에 따라 사람을 차별하는 태도는 결국 외모에 따라 사람을 차별하는 것입니다. 외모에는 얼굴, 피부색, 혈연, 학연, 지방색, 성별, 연령, 종족 등이 다 포함됩니다. 황인, 백인, 흑인이라고 차별하는 것도 사람 차별입니다. 성이나 본이 같다고 잘해주고 종씨가 아니라고 무시하는 것도 사람 차별입니다. 특정지역 사람이라고 고용하지 않는 것도 사람 차별입니다.

제가 서울에서 설교할 때 "대구에도 저런 설교자가 있는가?"라는 말을 들을 때가 있습니다. 그때마다 기분이 개운하지 않았습니다. 그런 말을 하는 사람의 가치관 속에는 서울은 대단하지만 대구는 별로라는 지방차별 의식이 들어 있기 때문입니다.

기독교 선교사들은 그들이 들어가는 곳마다 교육을 했습니다. 사람이 우선 글을 읽을 줄 알아야 차별 대우를 받지 않기 때문입니다.

우리나라가 오늘날 세계 10대 경제대국이 된 것도 이처럼 교육에 많은 관심을 기울인 기독교의 영향이 큽니다. 기독교는 외모로 사람을 차별하는 것은 악하다고 보았기 때문에 모든 사람이 교육받을 기회를 제공한 것입니다.

영국에서 윌리엄 윌버포스가 노예제도 폐지를 위해 일생을 바친 것도 성경에 근거한 것입니다. 사람을 노예로 차별하고 학대하는 것을 성경이 악하다고 했기 때문입니다. 미국의 마틴 루터 킹 목사님이 흑백 인종차별 폐지를 위해 싸웠던 것도 피부색에 근거하여 사람을 차별하는 것이 악한 행위였기 때문입니다. 교회는 결코 사람을 차별하면 안 됩니다. 돈이나 학력이나 혈연이나 지연이나 지위나 권력에 따라 사람을 차별하면 안 됩니다.[113]

물론 "두려워할 자를 두려워하며 존경할 자를 존경하라"(롬 13:7)는 것은 인간 공동체의 안전과 번영을 위하여 하나님이 정하신 명령입니다. 사람을 차별하지 말라는 것을 존경할 자를 존경하지 않아도 되는 것으로 오해하면 안 됩니다. 우리는 국가 지도자도 존경해야 하지만 교회 지도자도 존경해야 합니다. 히브리서 13장 17절에 이런 말씀이 있습니다. "너희를 인도하는 자들에게 순종하고 복종하라. 그들은 너희 영혼을 위하여 경성하기를 자신들이 청산할 자인 것같이 하느니라. 그들로 하여금 즐거움으로 이것을 하게 하고 근심으로 하게 하지 말라. 그렇지 않으면 너희에게 유익이 없느니라."

우리는 존경할 자를 존경해야 하고 권위 질서를 중시해야 하지만 외모에 따라 사람을 차별하면 안 됩니다. 그것은 악한 것입니다. 교회는 외부적 조건이 어떠한 사람이든 우는 사람의 눈물을 닦아주고 힘든 사람은 도와주어야 합니다.

하비스트 바이블 채플의 제임스 맥도날드(James MacDonald) 목사가 쓴 「수직적 교회」에 나오는 내용입니다.

한밤중에 응급 전화가 걸려왔습니다. 맥도날드 목사는 편안한 침대를 박차고 나와 경찰들이 출동해 있는 마을로 달려갔습니다. 몇 분 내로 도착해 보니 방금 차고에서 목을 맨 아들로 인해 온 가족이 비통에 젖어 있었습니다. 깊은 고통 속에서 아들은 저 영원한 죽음 속으로 뛰어내렸던 것입니다.

"그 아이는 왜 교회를 찾아가지 않았지요?" 맥도날드 목사가 이렇게 물었을 때 가족들의 얼굴에 떠오른 표정을 평생 잊지 못할 것 같다고 했습니다. 죽은 소년의 가족들은 '교회는 무슨!'이라는 표정을 짓고 있었기 때문입니다. 아들을 잃은 아버지는 맥도날드 목사의 사택 주방 탁자에서 목사님과 마주하고 앉아 고개를 숙이고 있었습니다. 그는 자신의 굶주린 영혼의 위안을 찾을 수 없다며 흐느끼는 배교자였습니다. 아는 사람이 아무도 없는 곳으로 떠날 생각이라고 했습니다.

"교회의 도움을 받아 보지 그러셨어요?"라고 물으니 그는 교회에 가본 지가 언제인지 기억도 나질 않는다고 고백했습니다. 맥도날드 목사도 절망으로 인해 얼빠진 그의 얼굴과 멍한 눈을 보노라면 교회의 현주소를 뼈저리게 느끼는 것 같았다고 했습니다.

힘든 사람에게 도움을 주지 못하는 교회는 이미 그 존재 가치를 상실했습니다. 저는 맥도날드 목사의 글을 읽으면서 '우리 교회는 혹시 돈이 많고 지위가 높다고 중직을 맡기는가? 우리 교회 장로님들은 예배시간에 특별석에 앉는가? 우리 교회는 교역자를 초빙할 때 호남이나 이북 사람을 차별하지는 않는가?' 하고 생각해 보았습니다. 우리 교회는 그렇지 않습니다. 우리와 함께 일하다가 지금은 선교사가 된 분 중에 호남 출신이 있습니다.

비전관을 완공할 때쯤 비전관에서 가장 좋은 방이 2층 신부대기실 옆방이라고 하면서 제게 그 방으로 옮기는 것이 어떤가 하는 말이 나왔지만 저는 교육관 5층 꼭대기 방에 그대로 있겠다고 했습니다. 우리 장로님들은 본관, 교육관, 비전관, 참신관, 이 네 개의 건물 중에 가장 작은 참신관 지하방을 쓰고 있습니다. 우리 교회 장로님들은 특별히 좋은 방이나 특별히 좋은 자리를 차지하지 않습니다.

우리 교회는 돈이 많고 지위가 높다고 해서 중직을 세우는 일은 절대 하지 않습니다. 중직은 신앙인격이 얼마나 성숙한가, 얼마나 충성하고 헌신하는가, 교회가 제공하는 교육과 훈련을 받아 어느 정도의 실력을 갖추었는가에 따라 세웁니다. 우리 교회에서는 혹시 사람을 차별하는 것이 조금이라도 있지 않은가를 계속 살피고 있습니다. 교회는 외모에 근거하여 결코 사람을 차별하지 말아야 하기 때문입니다. [114]

교회는 특별히 눈물 흘리는 사람, 힘든 사람에게 희망을 주어야 합니다. 교회가 힘든 사람들에게 희망과 도움을 주지 못한다면 교회의 존재 가치를 잃는 것입니다. 교회는 빈부귀천을 포함하여 어떤 외부 조건에 의해서도 사람을 차별하지 말고 도와주어야 합니다. 세상은 외부적인 조건에 의해 사람을 차별 대우하는데, 왜 교회는 그렇게 하지 말아야 합니까? 세상은 돈에 따라 일등석, 이등석, 삼등석으로 차별 대우를 하는데, 왜 교회는 그렇게 하지 말아야 합니까?

2. 생각의 문제 (5-7절)

교회가 왜 사람을 차별하지 말아야 합니까? 교회는 하나님의 다스림을 받는 하나님의 백성 공동체이며 교회의 주인은 사람이 아니라 삼위일체 하나님이십니다. 그러므로 교회는 응당 하나님이 사람을 어떻게 보시는가에 따라 사람을 보고, 하나님이 어떻게 하셨는가, 하나님은 우리가 어떻게 하기를 원하시는가에 따라 사람을 대하고 일을 해야 합니다.

"내 사랑하는 형제들아 들을지어다. 하나님이 세상에서 가난한 자를 택하사 믿음에 부요하게 하시고 또 자기를 사랑하는 자들에게 약속하신 나라를 상속으로 받게 하지 아니하셨느냐"(약 2:5). 야고보는 "내 사랑하는 형제들아 들을지어다"라고 하면서 하나님이 어떻게 하셨는가를 소개했습니다. 하나님은 세상에서 가난한 자들을 선택하셨습니다. 하나님은 가난한 자들로 믿음에 부유하게 하셨습니다. 하나님은 가난한 사람들로 하나님을 사랑하게 하시고 그들에게 하나님 나라를 공동 상속하도록 하셨습니다. 그러나 하나님은 가난한 사람들만 선택하셔서 믿음에 부요하게 하시고 천국을 상속하게 하신 것은 아닙니다. 구약의 아브라함과 욥은 부자였습니다. 신약의 아리마대 요셉과 레위도 부자였습니다. 하나님은 가난한 자와 부자, 그 어느 사람, 그 어느 계층을 편애하시거나 편파적으로 대하지 않습니다.

유안진 시인은 '들꽃 언덕에서' 라는 시를 이렇게 읊었습니다.

"들꽃 언덕에서 깨달았다.
값비싼 화초는 사람이 가꾸고
값없는 들꽃은 하나님이 키우시는 것을.
그래서 들꽃의 향기는 하늘의 향기인 것을.
그래서 하늘의 눈금과 땅의 눈금은
언제나 다르고 달라야 한다는 것도
들꽃 언덕에서 깨달았다."

사람들은 들꽃을 무시하고 화초를 선호하는 경향이 있습니다. 우리는 사람들이 무시하는 들꽃을 하나님이 키우신다는 것과 들꽃의 향기가 하늘의 향기라는 것을 깨달아야 합니다. '땅의 눈금' 과 '하늘의 눈금' 이 다르다는 것도 깨달아야 합니다. 하나님의 시각은 사람의 시각과 다릅니다. 사람들은 부자를 존대하고 빈자를 무시하지만 하나님은 부자나 빈자나 편애하지 않으시고 특별히 도움이 필요한 빈자를 돌보

십니다. 하나님의 이런 시각이 성경에 기록되어 있습니다. [115)

하나님은 레위기 19장 15절에서 이렇게 말씀하셨습니다. "너희는 재판할 때에 불의를 행하지 말며 가난한 자의 편을 들지 말며 세력 있는 자라고 두둔하지 말고 공의로 사람을 재판할지며." 재판만이 아니라 모든 면에서 가난한 사람 편도 들지 말고 부자 편도 들지 말고 가난한 사람이나 부자나 공평하게 대해야 합니다.

모든 사람은 각기 하나님의 형상으로 만들어졌으며, 또 모든 사람은 각기 타락해서 죄를 지었습니다. 모든 사람은 각기 예수님을 믿기만 하면 구원을 받습니다. 창조와 타락과 구원에 있어서 어떤 사람도 차이가 없습니다. 구원에 있어서 하나님의 예정이 있지만 여기서는 예정 문제를 다룰 수 없습니다. 하나님의 예정은 하나님의 절대 주권에 속한 것입니다. 일단 창조와 타락과 구원 면에서 하나님은 사람을 외모로 차별하지 않으십니다.

이것이 성경의 신학, 성경의 세계관, 성경의 인간관, 성경의 가치관입니다. 우리는 성경에 기록된 하나님의 가치관에 따라 모든 인간을 하나님의 형상으로 존귀하게 여기고 편애하거나 편파적으로 대하지 말아야 합니다.

하나님은 모든 인간을 외모로 차별하지 않으시지만 특별히 가난한 자들을 구원하십니다. 그것은 가난한 사람들은 하나님의 도움을 갈망하고 있기 때문입니다. 시편 40편 17절에서 다윗은 이렇게 고백합니다. "나는 가난하고 궁핍하오나 주께서는 나를 생각하시오니 주는 나의 도움이시요 나를 건지시는 이시라. 나의 하나님이여 지체하지 마소서."

우리는 특별히 도움이 필요한 가난한 사람을 멸시하지 말고 도와주어야 합니다. 시편 41편 1~3절에서 하나님은 가난한 사람을 돌보는 사람에게 복을 주신다고 하셨습니다. 시편 68편 10절에서는 이렇게 말씀합니다. "하나님이여 주께서 가난한 자를 위하여 주의 은택을 준비하셨나이다." 하나님은 잠언 21장 13절에서 이렇게 말씀하셨습니다. "귀를 막고 가난한 자가 부르짖는 소리를 듣지 아니하면 자기가 부르짖을 때에도 들을 자가 없으리라." 하나님은 잠언 28장 27절에서 이렇게 말씀하셨습니다. "가난한 자를 구제하는 자는 궁핍하지 아니하려니와 못 본 체하는 자에게는 저주가 크리라."

가난하고 어려운 사람을 도와주라는 하나님의 말씀은 하나님 본성의 표현입니다. 돈이나 학력이나 지위로 사람을 차별하는 것은 하나님의 본성에 위배되는 '악한' 것입니다. 하나님이 이스라엘을 선택하신 것은 모든 민족 중에 수효가 가장 많기 때문이 아니라 가장 적기 때문입니다. 하나님은 큰 민족이 아니라 작고 가난한 민족을 선택하신 것입니다(신 7:7). 하나님은 세계 여러 민족 중에 작은 이스라엘 민족으로 구약교회를 이루게 하셨습니다.

하나님은 부자라고 제외하신 것은 아니지만 그래도 가난하고 약하고 천한 사람을 많이 선택하셨습니다(고전 1:26). 하나님은 대체로 사회적, 경제적으로 가난하고 약한 사람들로 신약교회를 이루게 하셨습니다. 하나님은 가난하고 힘든 사람들을 주로 선택하셔서 믿음에 부하게 하시고 천국을 공동 상속하게 하신 것입니다(롬 8:17).

본문 말씀에 의하면 생생신앙은 "사람을 어떻게 대하는가?"를 보면 알 수 있습니다. "특별히 가난한 사람, 힘든 사람, 소외된 사람, 우는 사람을 어떻게 대하는가?"를 보면 생생신앙인인지, 아닌지를 알 수 있습니다.

"너희는 도리어 가난한 자를 업신여겼도다"(약 2:6). 야고보는 하나님의 백성 공동체가 응당 하나님이 하시는 대로 가난한 사람을 멸시하지 말고 존대해야 하지만 가난한 사람을 업신여겼다고 질타했습니다. 교회가 세상과 같이 행동했다는 것입니다. 하나님 나라 국민이 세상 나라 국민같이 사람을 차별했다는 것입니다. 교회는 세상과 달라야 합니다. 교회는 천국과 같아야 합니다. 그런데 교회가 세상과 같아졌다는 것이 문제입니다.

우리는 외적인 조건에 의해 편애하는 경향이 있다는 것을 부인할 수 없습니다. 사무엘과 같은 위대한 지도자도 외적인 조건 중에 용모를 보았지만 하나님은 이렇게 말씀하셨습니다. "그의 용모와 키를 보지 말라. 내가 이미 그를 버렸노라. 내가 보는 것은 사람과 같지 아니하니 사람은 외모를 보거니와 나 여호와는 중심을 보느니라"(삼상 16:7).

베드로는 고넬료와 관련된 환상을 보고 고넬료가 보낸 사람을 따라 그의 집에 가서 이런 고백을 했습니다. "내가 참으로 하나님은 사람의 외모를 보지 아니하시고 각 나라 중 하나님을 경외하며 의를 행하는 사람은 다 받으시는 줄 깨달았도다"(행 10:34-35).

바울도 로마서 2장 6~11절에서 이렇게 선언했습니다. "하나님께서

각 사람에게 그 행한 대로 보응하시되 참고 선을 행하여 영광과 존귀와 썩지 아니함을 구하는 자에게는 영생으로 하시고 오직 당을 지어 진리를 따르지 아니하고 불의를 따르는 자에게는 진노와 분노로 하시리라. 악을 행하는 각 사람의 영에는 환난과 곤고가 있으리니 먼저는 유대인에게요 그리고 헬라인에게며 선을 행하는 각 사람에게는 영광과 존귀와 평강이 있으리니 먼저는 유대인에게요. 그리고 헬라인에게라. 이는 하나님께서 외모로 사람을 취하지 아니하심이라."

하나님은 공의대로 심판하시는 분이며 여러분의 돈이나 외모나 학위나 명성에 따라 여러분을 판단하시지 않습니다. 사람은 외모를 보지만 하나님은 여러분의 속사람, 여러분의 마음, 여러분의 영혼 상태에 따라 여러분을 평가하십니다.[116]

야고보 당시 디아스포라 교인들은 하나님의 이런 성품과 달리 외모에 따라 사람을 평가했습니다. 부자를 존대하고 빈자를 멸시한 것입니다. "부자는 너희를 억압하며 법정으로 끌고 가지 아니하느냐. 그들은 너희에게 대하여 일컫는 바 그 아름다운 이름을 비방하지 아니하느냐"(약 2:6-7).

야고보는 우리가 외모에 근거하여 사람을 차별하지 말아야 할 이유로 하나님의 성품과 행위를 제시한 후에 부자의 행태를 제시했습니다. "왜 부자를 우대하느냐? 부자는 너희를 억압하고 법정으로 끌고 가지 않느냐?"라고 말했습니다. 요즘 부자 교인들이 가난한 교인들을 억압하고 법정으로 끌고 가는 경우가 어디 있겠느냐 싶지만 야고보 당시 디아스포라 교회에는 그런 일이 있었던 것 같습니다. 야고보는 부자들의 독재적 행태로 보아 결코 우대받아야 할 사람들이 아니라고 했습니다. 야고보는 지극히 현실적인 것을 들어서 사람을 차별하지 말라고 한 것입니다.

어느 하청업체 노동자의 피맺힌 탄식입니다.

"어차피 하청 비정규직 노동자일 수밖에 없는 나의 신분에 한 점 부끄럼이 없다. 노동자 신분에 보람과 긍지, 자부심도 있었다. 하지만 한 인간으로서 하청 비정규직 노동자로 산다는 것은 인간임을 포기해야 하는 것이며, 현대판 노예로 살아가야 하는 것이며, 기득권 가진 놈들의 배를 불려주기 위해 제물로 살아가야 하는 것이다. 차별과 멸시, 박탈감, 착취에서 오는 분노를 나는 더 이상 참을 수 없다. 공장에서 벌어지고 있는 부정과 부패, 착취, 비리, 직영노동자들이 하청 비정규직 노동자에게 대하는 행패와 멸시, 고위 관리직 이사부터 하위 관리직 팀장 반장까지 안 썩은 곳이 없고 상납이라는 추악한 향락 접대 고리에 연결이 안 된 자들이 없다. 윗물이 그러하다보니 다들 노동자들의 임금을 도둑질하기에 혈안이 되어 있다. 이런 현실의 피해자는 하청노동자다."[117]

이러한 탄식이 기독교인이 경영하는 회사나 공장에서는 절대 있어서는 안 됩니다. 교회 안에서는 더 말할 것도 없지만 이런 일은 이 사회에서도 없어야 합니다. 특별히 우리 성도들은 사람 차별 때문에 피눈물

흘리는 일이 절대 일어나지 않도록 **뼈**를 깎는 노력을 해야 합니다.

3. 영광의 주님 (1절)

우리가 하나님의 성품과 행위에 맞추어 하나님의 자녀답게 산다면 외모에 근거하여 사람을 차별하면 안 됩니다. 야고보는 이런 진리를 전하면서 1절에서 가장 핵심적인 것을 지적했습니다. 하나님의 성품과 행위가 다 예수 그리스도를 통해서 나타났기 때문에 우리는 예수 그리스도에게 집중하여 생각하고 말하고 행동해야 한다는 것입니다. 우리가 예수 그리스도 안에서 하나님의 형제자매라는 정체성에 근거하면 절대로 사람을 외모에 근거하여 차별할 수 없다는 것입니다.

"내 형제들아 영광의 주 곧 우리 주 예수 그리스도에 대한 믿음을 너희가 가졌으니 사람을 차별하여 대하지 말라"(약 2:1). 우리가 사람을 차별하는 것은 높은 자리에 올라가서 영광을 차지하려고 하기 때문입니다. 부자는 영광스러운 자리에 있다고 생각하기 때문에 부자에게 잘해서 자신도 높은 자리에 연결되고자 하는 것이 인간의 죄악의 본성입니다. 영광스러운 높은 자리에 있는 사람과 자신을 연결이라도 해서 자신이 높은 영광을 조금이라도 얻고자 하는 것입니다. 우리는 놀라운 자리, 영광의 자리를 차지하겠다는 욕망 때문에 나보다 더 부유한 사람을 보면 굽실거리고 나보다 못한 사람을 보면 깔보는 경향이 있습니다. 나보다 더 부유한 사람을 보면 잘 대해주어서 나도 조금이라도 높은 영광의 자리에 올라가고 싶어 하는 죄악의 본능이 있기 때문입니다.

이런 문제를 어떻게 해결할 수 있을까요? 이 문제를 해결하는 근본적인 방법은 "영광의 주 예수 그리스도에 대한 믿음"입니다. 우리는 우리의 "영광의 주인, 예수 그리스도"를 믿고 순종하고 따르고 배우는 사람들입니다. 우리는 우리의 영광에 초점을 두지 말고 예수 그리스도의 영광에 초점을 두어야 합니다.

예수 그리스도는 과거에도 영광의 주, 현재에도 영광의 주, 미래에도 영광의 주이십니다. 예수 그리스도는 과거에 하나님의 아들이시면서 이 땅에 내려오셔서 우리와 함께 고난당하시고 우리를 위해 십자가에서 죽으셨습니다. 예수 그리스도는 영광의 주이시면서도 우리를 위해서 자신을 낮추시되 사람의 자리, 노예의 자리, 죄수의 자리, 아니 십자가형 죄수의 자리에까지 낮추셨습니다. 예수 그리스도는 우리를 위하여 죽음의 자리에까지 자신을 낮추셨습니다.

우리는 이런 예수 그리스도를 영광의 주로 모시고 따라가는 사람으로서 나 자신의 영광에 관심을 가질 필요가 없습니다. 우리는 세례 요한처럼 "그는 흥하여야 하겠고 나는 쇠하여야 하리라"(요 3:30)고 생각해야 합니다. 우리는 예수 그리스도의 영광의 자리에만 관심을 가지고 우리의 영광의 자리에는 무관심해야 합니다.

예수 그리스도는 현재에도 영광의 주이십니다. 예수 그리스도는 우리를 위해 부활하시고 하늘 보좌 우편에까지 올라가셨습니다. 예수 그리스도는 영광의 주로서 빛나고 높은 보좌 위에 앉아 계십니다. 우리는 영광의 주 예수 그리스도 앞에서 사나 죽으나 내 몸에서 그리스도만이 존귀하게 여김을 받으시도록 해야 합니다(빌 1:20). 그러기 위해 우리 자신은 낮은 자리에서 주님과 사람들을 섬겨야 합니다(요 13:14).

예수 그리스도는 미래에도 영광의 주이십니다. 예수 그리스도는 머지않은 장래에 이 세상에 다시 오셔서 새 하늘과 새 땅, 회복된 낙원, 완성된 천국을 도래하게 하실 것입니다. 그때에는 하늘과 땅과 땅 아래의 모든 인격체와 만물이 다 그 발아래 엎드려 만왕의 왕, 만주의 주로 그를 경배할 것입니다(빌 2:10-11). 그때 천군천사들과 인간들과 만물이 영광의 주 예수 그리스도를 찬양할 것입니다. "죽임을 당하신 어린 양은 능력과 부와 지혜와 힘과 존귀와 영광과 찬송을 받으시기에 합당하도다. …보좌에 앉으신 이와 어린 양에게 찬송과 존귀와 영광과 권능을 세세토록 돌릴지어다"(계 5:12-13).

예수 그리스도는 영광의 주, 왕의 왕, 주의 주이십니다. 예수 그리스도는 천국 보좌 위에 앉아 계십니다. 예수 그리스도만이 세세토록 찬양과 영광과 존귀를 받으시기에 합당하십니다. 예수 그리스도의 보좌가 영광의 주의 보좌입니다. 예수 그리스도의 보좌가 우주의 핵심에 있습니다. 우리는 다 그분 앞에 무릎을 꿇고 기쁜 마음으로, 감격과 감탄의 마음으로 그분을 찬양할 것입니다.

보스턴에서 한 젊은 부부의 첫 득남을 축하하는 파티가 있었습니다. 친구들은 애인을 데리고 왔고 다들 뒷방에 겉옷을 내던지는 사이에 음악이 나오면서 본격적인 파티가 시작되었습니다. 사람들은 한창 놀던 중에 한 가지 의문이 생겼습니다. '파티의 주인공인 아기는 어디 갔지?' 그때부터 모두가 미친 듯이 아기를 찾았는데 안타깝게도 아기는 질식사한 채로 발견되었습니다. 아기는 자신의 파티가

진행되는 내내 모두에게 잊힌 채로 뒷방의 겉옷 더미 아래에 버려져 있었던 것입니다.[118)

　우리는 이렇게 살면 안 됩니다. 우리가 우리 자신의 영광에 초점을 맞추고 살면 우리의 주인공이신 영광의 주를 놓치고 맙니다. 그러나 우리가 영광의 주 예수 그리스도를 가까이 모시고 살면 주 예수 그리스도의 영광에 사로잡혀 우리 자신의 영광에 별로 관심을 갖지 않습니다. 우리는 사나 죽으나 우리를 통해서 예수 그리스도만이 영광과 존귀를 받으시도록 하는 데 관심을 기울이기 때문에 우리 자신의 영광의 자리에는 별로 관심이 없다는 것입니다. "내 사모하는 주님 온 세상 구주시라. 내 사모하는 주님 영광의 왕이시라."

　우리가 우리 자신의 영광에 초점을 맞추면 늘 완벽한 그림의 빠진 한 조각을 찾아 헤매다가 죽습니다. 그러나 우리 자신의 영광이 아닌 영광의 주 예수 그리스도의 영광의 자리에 초점을 맞추면 우리 인생의 빠진 조각 하나를 비로소 찾을 수 있습니다. 그러면 우리의 삶 속에 항상 영광의 주께서 임재하시는 것이 느껴집니다. 그것이 우리의 만족이요 행복입니다.

　교회는 사람들이 하나님의 임재를 발견하고 평생 매년 매월 매주 매일 매시간 이것을 경험하도록 도와주어야 합니다. 모세의 고백이 우리의 고백이 되어야 합니다. "주께서 우리와 함께 행하심으로 나와 주의 백성을 천하 만민 중에 구별하심이 아니니이까"(출 33:16).

　화면이 나오지 않는 영화관에 얼마나 오래 앉아 있을 수 있을까요?

오일 탱크가 텅 빈 주유소에 기름을 넣으러 가겠습니까? 교회에 영광의 주님이 임재하시지 않으면 교인들은 형식적인 예배와 행사에 지쳐버립니다. 우리는 반드시 영광의 주님이 임재하시는 교회를 만들어가야 합니다.

하나님의 영광은 위조할 수 없습니다. 하나님만이 교회 안으로 영광을 비추실 수 있습니다. 교회는 매 주일 주님의 영광이 쓰나미처럼 몰려오는 예배를 드려야 합니다. 모든 교인이 영광의 주님이 임재하시는 예배 장소로 가는 내내 가슴 설레는 기분이 되어야 합니다. 모세가 갈구한 대로 우리도 "주의 영광을 내게 보이소서"(출 33:18)라고 간구해야 합니다.

우리는 영광의 주 예수 그리스도에게 초점을 맞추고 하나님께 영광을 돌리겠다는 일념으로 살아야 합니다. 우리가 영광의 주 예수 그리스도에게 초점을 맞추는 작업을 제대로 하면 영광의 주가 임재하시는 영광스러운 개인이 되고 교회가 됩니다. 매주 사람들이 영광의 주 예수 그리스도를 만나면서 망가진 것이 고쳐지고 병이 치유되고 잃은 양이 찾아지고 흔들리는 가정이 회복됩니다.

영광의 주님이 임재하시면 "누가 크냐?"라고 하는 자신의 영광을 위한 경쟁과 투쟁이 사라집니다. 부자라고 우대하고 빈자라고 홀대하는 분위기가 사라집니다. 주님의 현란한 영광 앞에 부자나 빈자가 모두 무릎을 꿇고 영광의 주님을 경배하는 데만 집중하기 때문입니다. 영광의 주님에게 집중하면 주님의 영광스러운 임재가 나타나면서 사람을 차별하지 않는 아름다운 사랑의 공동체가 이루어집니다.

영광의 주 예수 그리스도의 영광의 자리에 초점을 맞추고 살면 비행기의 일등석에 타느냐, 이등석에 타느냐, 삼등석에 타느냐 하는 것에는 별로 관심이 없습니다. 형편에 따라, 건강에 따라, 업무에 따라 일등석에 탈 수도 있고, 이등석에 탈 수도 있으며, 삼등석에 탈 수도 있습니다. 삼등석에 탔다고 해서 일등석에 탄 사람을 부러워하거나 그 앞에서 아부하지 않을 것이며 일등석에 탔다고 삼등석에 탄 사람을 무시하지도 않을 것입니다.

나의 삶, 우리 가정의 삶, 우리 교회의 삶에 영광의 주 예수 그리스도를 중심에 모시고 살면 빈부귀천이나 외모에 따라 사람을 차별하지 않고 모든 인간을 하나님의 형상으로 만들어진 고귀한 존재로 보고 존대하게 됩니다. 하나님의 교회는 하나님의 자녀들, 하나님을 아버지로 모신 형제자매들로 서로 사랑하고 격려하고 붙잡아주는 아름다운 공동체를 이루게 됩니다. 천국이 완성되기 전에 가정과 교회와 사회에서 작은 천국을 이루어 살게 되는 것입니다.

● 설교자 : **박영재 목사**[119]
● 설교 본문 : **사도행전 2:14, 36-39**
● 설교 제목 : **변화의 힘**[120]

우리가 신앙생활을 하면서 가장 어려운 것 중의 하나는 무엇일까요? 하나님께 헌신하는 삶이 아닐까요? 말로는 하나님을 위해 산다고 하면서도 5년, 10년씩 신앙생활을 해도 헌신적인 사람은 그리 많지 않은 것 같습니다. 우리는 하나님 때문에 손해 보지 않으려 합니다. 여전히 자기중심적인 삶을 고집하고 있습니다. 오직 소수의 신자만이 하나님께 헌신할 뿐입니다. 그러고 보면 헌신하며 산다는 것은 여간 어려운 일이 아닙니다. 그러나 헌신하는 삶보다 더 어려운 일이 있습니다. 그것은 자신을 변화시키는 일입니다.

얼마 전, 어느 노신사를 만난 적이 있습니다. 그분으로부터 의미 있는 고백을 들을 기회가 있었습니다. 자기는 지금까지 살아오면서 항상 옳고 그른 것을 따지며 살았다고 했습니다. 그러다 보니 아내나 가족, 그리고 동료들과 자주 분쟁이 일어났고 마찰을 빚으며 살아왔다는 것입니다. 나이 든 지금에 와서 돌이켜 생각해보니 그냥 넘어가도 될 만한 일들에도 문제를 일으켰던 것 같다고 고백하는 모습을 보았습니다. 이런 태도 때문에 그의 삶은 늘 피곤했답니다. 그분의 마지막 말이 아직도 생생합니다. "지금 생각해보니 내가 덕이 부족했어. 진작에 깨달았더라면 이렇게 살진 않았을 텐데. 그런데 습관이 돼서 그런지 알면서도 고쳐지지가 않아."[121]

옳고 그른 것 하나 깨닫는 데도 이렇게 평생이 걸리는데 잘못을 깨닫고 고친다는 것은 얼마나 어렵겠습니까? 사람이 자기 잘못을 깨닫거나 고친다는 것은 이렇게 쉽지가 않습니다. 자신의 인격에 문제점으로 드러난 것을 고치고 새 사람으로 살아가는 것은 평생이 걸릴 수도 있는 일입니다. 이렇게 자신을 변화시키는 것처럼 어려운 일은 없습니다.

그런데 간혹 사랑이 인간을 변화시킬 수 있다고 말하는 사람들도 있습니다. 자살을 많이 하기로 유명한 부산의 태종대에 사랑의 상징인 어머니 조각상을 갖다 놓은 후에 자살하는 수가 급격히 줄었다고도 합니다. 사랑이 죽을 사람도 살리고 자포자기한 상황에도 용기를 준다는 것은 어느 정도 사실입니다. 그러나 사랑이 사람을 설득하는 데 최선의 힘이라고 말할 수는 없습니다. 어머니가 갖은 수고와 정성으로 아기를 키웁니다. 때로 사랑의 채찍을 들기도 하고 사랑으로 칭찬과 격려를 하기도 합니다. 하지만 그 자식이 다 잘되고 착한 자녀로 자라기만 하는 것은 아닙니다.

어릴 적 동네에는 제 또래의 아이가 있었습니다. 경제적으로 꽤 부유한 가정이었는데 그 아이는 초등학교 4학년 때부터 집을 나가기 시작했습니다. 부모의 사랑이 모자라서 그런가 싶어 어머니는 다니던 직장도 그만두고 집에서 아이를 돌보는 데 온 정성을 쏟았습니다. 그런데 좀 나아지는가 싶더니만 잠시뿐이었습니다. 결국 10대 후반이 되자 교도소를 들락거리게 되었고, 부모는 아들 빼내 오랴, 교도소로 면회 다니랴 이래저래 가산도 다 탕진하게 되었습니다. 온 정성을 쏟았으나 허사였던 것입니다. 결국에는 자식의 장래에 대해 포기하고 말더군요.[122]

아무리 부모가 사랑을 많이 베푼다 해도 자식이 비뚤어질 수 있습니다. 그렇다면 사람을 변화시키는 데에 사랑이 최선이라고 말할 수는 없을 것입니다. 어떤 사람들은 교육의 힘이 사람을 변화시킨다고 말합니다. 그래서 우리의 교육 목표를 전인교육에 두고 힘써 가르칩니다. 어떤 부모는 자식을 학교 교육에만 맡기면 모든 책임을 다하는 줄 압니다. 하지만 아시다시피 교육의 혜택을 받는 수혜자 모두가 교육의 힘으로 자신의 인격을 제대로 세우고 변화되어간다고는 말할 수 없습니다.

몇 년 전입니다. 유학까지 다녀온 교수가 사업자금이 모자라자 아버지 재산이 탐나 아버지를 살해한 일이 벌어졌습니다. 이 사건은 사회에 엄청난 충격을 주었습니다. 최고의 학벌을 지닌 최고의 지성인이라는 교수가 어떻게 그럴 수 있는가 하고, 많은 사람이 경악을 금치 못했습니다.[123]

인간의 머릿속에 지식이 아무리 많으면 무엇합니까? 그 사람이 받아온 교육으로는 자신의 욕심 하나 자제하지 못했습니다. 교육의 힘만으로 인간을 변화시키지는 못합니다. 교육학자들은 교육이 인간 개조에 도움을 줄 수는 있어도 완전한 개조나 변화를 도모하지는 못한다고 말한 바 있습니다. 다시 말해 오늘날의 교육이 한 인간을 변화시키는 최선책은 아니라는 말입니다.

많은 사람이 어떻게 생각합니까? 종종 인간은 자기 자신의 결단 때문에 변화될 수 있다고 생각합니다. 그래서 자기의 결단을 발표하기도 하고 맹세하기도 합니다. 하지만 그런 것들은 우리를 실망시키기 예사입니다.

어느 중년 남자가 노름으로 재산을 다 날리자 다시는 노름하지 않겠다고 아내 앞에서 맹세했다고 합니다. 그런데 얼마 후 며칠째 남편의 행방이 묘연해지자 아내는 혹시나 하는 생각에 노름방에 들러 보았는데, 아니 이게 웬일입니까? 남편이 노름방에서 발가락으로 패를 잡고 노름을 하고 있더라는 것입니다.[124] 아무리 말리면 뭘 하고 아무리 결심을 하면 뭘 합니까? 인간이 자기 의지로, 스스로 결단을 한다 해도 그 결단을 지키기가 어디 쉬운 일입니까? 정말이지 사람이 자신의 의지대로 변화되기란 쉽지 않은 일입니다.

성도 여러분, 우리 주님도 우리가 단지 인간에게 사랑을 베풀 뿐 인간을 믿어서는 안 된다고 강조하셨습니다. 믿을 수 없는 것이 인간의 결심이요, 인간의 의지가 아닙니까? 주님께서 베드로에게 "너희가 다 나를 버리리라"고 말하자, 베드로는 "다 주를 버릴지라도 나는 언제든지 버리지 않겠나이다"라고 장담합니다. 하지만 베드로는 주님을 버리고 말았습니다.

그러면 어떻게 해야 합니까? 어떻게 해야 우리의 속 사람을 변화시킬 수 있을까요? 이 질문은 오늘 저와 여러분이 가장 심각하게 던져보아야 할 질문입니다. 하나님의 말씀은 우리에게 선명한 답을 주고 있습니다. 우리가 성령의 충만을 덧입을 때 변화될 수 있다고 말입니다. 성령의 영향을 받을 때 우리는 변화될 수 있습니다.

베드로를 다시 생각해 볼까요? 베드로는 우리와 같은 범인(凡人)이었습니다. 예수님이 잡히시던 밤에 베드로는 무리 앞에서 사랑하는 주님을 부인했고 저주까지 했습니다. "다 주를 버릴지라도 나는 주님을 버리지 않겠다"라고 장담했지만 그도 결국 주님을 배신하고 말았습니다. 주님이 십자가형을 당하실 때도 멀리서 문빗장을 걸고 두려움과 공포에 떨고 있었습니다. 그의 믿음은 완전히 바닥을 드러내고 있었던 겁니다.

그런데 오늘 본문의 베드로의 모습은 어떻습니까? 베드로는 겁먹은 모습이 아닙니다. 사람을 피하지도 않으며 오히려 사람들을 향해 무언가를 주고 싶어 하리만큼 자신감에 넘쳐 있는 모습입니다.

사도행전 2장 14절 이하의 말씀을 보니 "베드로가 열한 사도와 함께 서서 소리를 높여 이르되 유대인들과 예루살렘에 사는 모든 사람들아 이 일을 너희로 알게 할 것이니 내 말에 귀를 기울이라" 하면서 담대히 복음의 핵심을 외치기 시작했습니다.

36절과 38절을 보십시오. "그런즉 이스라엘 온 집은 확실히 알지니 너희가 십자가에 못 박은 이 예수를 하나님이 주와 그리스도가 되게 하셨느니라 하니라. 베드로가 이르되 너희가 회개하여 각각 예수 그리스도의 이름으로 세례를 받고 죄 사함을 받으라. 그리하면 성령의 선물을 받으리니."

수천 명의 사람들 앞에서, 자기를 잡으려고 하는 사람들 앞에서도 베드로는 조금도 두려워하지 않고 담대히 외치고 있는 것입니다. 이렇게 베드로의 용기와 담대함과 적극성을 볼 때 그의 태도에 일대 변화가 일어났음을 알 수 있습니다. 소극적인 태도에서 적극적인 태도로, 두려워하는 나약한 모습에서 강하고 용기 있는 사람으로 변화되었습니다.

그러면 이러한 변화는 언제, 어떻게 일어났습니까? 십자가 사건 이후 제자들은 부활의 주님을 만나서 40일을 함께 보냈습니다. 그리고 감람산에서 오백여 명의 사람들과 함께 승천하시는 주님을 감격적으로 지켜보았습니다. 그러자 소망의 주님만을 전하려는 열정이 솟구쳤습니다. 하지만 주님은 베드로와 제자들에게 "성령을 기다리라"고만 말씀하셨고, 그들은 마가의 집에 모여 성령이 임하기를 열망하며 기도하기 시작했습니다. 마침내 그렇게 기다리던 성령이 열흘 만에 그들에게 부어졌습니다. 하늘이 열리고 땅이 진동하며 하늘로부터 불같은 것이 내렸고, 거기 모인 사람들은 방언으로 말하기 시작했습니다. 그들의 가슴이 이상하게 뜨거워지더라고 합니다. 이때부터 그들은 완전히 다른 사람으로 바뀌게 되었습니다. 교육이 그들을 바꿔놓은 것이 아닙니다. 자신의 결단 때문에 바뀐 것도 아닙니다. 성령이 그들 위에 임하시자 변화가 일어났습니다.

성도 여러분, 만약 그들이 주님의 부활을 목격한 신앙으로 전도하기 위해 대문 밖을 나섰다 해도 그들을 핍박하는 세력 앞에서 과연 끝까지 그 일을 잘 감당할 수 있었을까요? 비록 그들의 결심이 단호했다고 해도 많은 환난과 핍박 앞에서 그 결심이 허물어지지 않으리라고 누가 장담할 수 있었겠습니까? 한 번 실패했던 베드로, 그가 인간적인 힘으로 감당하다가 또 실패하지 않는다고 누가 보장합니까?

인간 자신의 용기와 결단은 이렇게 변질될 수 있습니다. 장담하고 결심했지만 그것을 끝까지 지키지 못할 수도 있습니다. 전도하겠다고 대문을 나섰지만 말 한마디 건네지 못하고 그냥 돌아올 수도 있습니다. 주님을 향한 충성심이 아무리 강해도 그 결심이 도리어 주님을 실망시키는 변덕이 될 수도 있습니다. 인간의 결심은 불완전한 것입니다. 그래서 인간 자신의 결단만을 믿을 수는 없는 일입니다. 그래서 흔들릴수 없고, 변질될 수도 없으며, 돌이키지 않는 완벽한 변화를 이루기 위해 우리 주님은 성령 충만을 덧입으라고 말씀하십니다.

최고의 전도자 무디가 설교 도중에 물이 반 정도 든 유리컵을 가리키며 "이 컵 속에 든 공기를 없애려면 어떻게 해야 할까요?" 하고 물었습니다. 잠시 후 무디는 주전자를 들더니 잔이 넘치도록 물을 가득 채웠습니다. 그리고 이렇게 말했습니다. "컵에 물을 가득 채우면 공기는 없어집니다." 그렇습니다. 무기력한 내 힘으로 뭔가를 하려고 하면 힘이 듭니다. 아무것도 없는 상태에서 순종하려고, 말씀대로 살려고, 자신을 변화시키려고 하면 정말이지 몹시 힘이 듭니다. 하지만 성령이 내 속에 충만해지면 내가 하는 것이 아니라 성령의 힘으로 하기 때문에 가능합니다.[125]

성령의 충만을 받은 예수님의 제자들을 보십시오. 성령을 받기 전에 그들은 인격에 결점이 드러났고 도덕적으로도 넘어지고 실패했습니다. 하지만 성령을 받은 후 그들의 인격은 몰라보게 다듬어져 갔고 부족은 채워졌습니다. 능력자로 다시 태어났습니다. 그 후 단 한 명도 실패하지 않고 모두가 성공적인 인생을 살았습니다. 완전히 새로운 사람으로 변화된 그들의 삶이 아름다운 열매를 맺는 사람으로 변화되었습니다. 그러므로 성령이 충만한 사람에게 나타난 변화는 믿을 수 있습니다.

제가 미국에서 목회할 때의 일입니다. 제게는 잊지 못할 두 분이 있습니다. 한 분은 백 집사님인데 담배를 많이 피우셨습니다. 어느 날, 집사님이 새집으로 이사를 했습니다. 가족들이 새집에서는 좀 담배를 끊으라고 재촉하기도 하고, 목사님 앞에서 언제까지 몸에 담배 냄새가 밴 채로 교회에 가려느냐고 핀잔을 주기도 했다고 합니다. 집사님도 미안한 생각이 들었던지 이제 그만 담배를 끊겠다고 결심을 했습니다. 그런데 쉽지가 않았습니다. 며칠 혹은 몇 주일이 가지 못해서 집사님은 다시 담배를 피우곤 했습니다. 이러기를 수도 없이 반복하다가 결국 포기하신 분입니다.

그리고 또 한 사람은 젊은 청년으로서 지금은 아마도 집사님이 되어 있으리라고 생각되는데 박 선생이란 분이었습니다. 이분은 인생을 거칠게 살아왔습니다. 그래서인지 부인이나 직장 동료들에게 거칠게 욕을 하기 일쑤였습니다. 그래서 한번은 제게 이런 말을 했습니다. "목사님, 제가 아무리 욕하는 버릇을 고치려고 해도 고쳐지지 않습니다. 일단 욕이 그냥 먼저 나와요."

그런데 이 두 분이 특별한 경험을 하게 되는 기회가 있었습니다. 다름 아닌 부흥회였습니다. 두 분 다 처음으로 부흥회에 참석하게 되었는데 마지막 날에 부흥강사와 제가 그 두 분에게 안수기도를 했습니다. 부흥회가 끝나고 얼마 후에 간증하는 기회를 갖게 되었습니다. 그분들은 저희가 안수기도할 때에 가슴이 쪼개지는 듯한 아픔을 경험했다고 합니다. 골초이신 백 집사님은 담배만 입에 대면 토할 것 같아서 더는 피울 수가 없게 되었다 하고, 또 욕쟁이 박 선생은 욕하는 버릇이 저절로 사라져 버렸다고 했습니다. 아무리 욕을 하려고 해도 욕이 나오지 않더라는 겁니다. 그렇게 스스로 절제하려고 해도 되지 않던 노력이 단 한 번 성령의 역사로 완전히 해결된 것입니다.

이렇게 간증하면서 우시는 그 두 분을 보고 그 자리에 함께했던 모든 성도도 울음을 참을 수가 없었습니다. 그 두 사람을 너무나 잘 알고 있던 성도들이었기 때문입니다.[126]

여러분, 이들이 언제 성령을 체험했습니까? 언제 자신을 변화시키는 성령의 능력을 경험했습니까? 그들이 기도할 때였습니다. 그들은 난생처음 진지하게 자기 스스로는 변화될 수 없음을 고백했습니다. 나 자신의 결단을 이제는 믿을 수 없고 오직 주의 권능만이 나를 변화시킬 수 있다고 고백하며 "성령이여, 도와주옵소서" 하며 간절히 부르짖었습니다. 그 부르짖음 속에서 성령이 변화를 이루신 것입니다. 베드로와 요한도 마찬가집니다. 부활의 주님이 승천하시고 난 직후 마가의 집에 모여 열흘간 간절히 기도할 때 성령이 그들을 변화시켜 주셨습니다. 그때부터 새사람이 되었습니다.

사랑하는 성도 여러분, 우리도 때로는 사랑하고 싶지만 사랑할 수 없는 때가 있지요? 아니 도저히 사랑할 수 없는 상대가 있지요? 그때 기도하십시오. "오, 주님! 내 힘으로는 할 수 없습니다. 오, 주님! 제게 사랑할 힘을 주소서." 이렇게 간절히 기도하십시오. 그러면 사랑할 힘이 생깁니다. 기도할 때에 우리 성령님이 도우신다고 약속하셨습니다.

어떤 분은 성격이 급하여 우선 일을 저지르고 후회하는 경우를 봅니다. 후회할 때마다 다시는 이런 실수를 안 하겠다고 다짐해놓고 또 반복하고 후회하는 분도 있지요. 이때 기도해 보세요. "오, 하나님! 저를 불쌍히 여기소서. 내 힘으로는 절대로 고칠 수도 변화될 수도 없나이다. 그러나 하나님은 하실 수 있나이다. 주의 권능으로 저를 고치소서." 이렇게 반복해서 간절히 기도해 보세요. 그러면 고쳐질 것입니다.

여러분, 우리의 인격에 결점이 있는 것을 잘 아시지요? '난 왜 자존심이 이렇게 셀까? 나는 왜 끈기가 모자랄까? 난 왜 이리 변덕이 심할까?' 이런 고민을 하고 계십니까? 자기만이 아는 결점으로 수많은 사람이 고민하고 있습니다. 그 결점을 고치려고 아무리 노력해도 결국은 원점으로 돌아올 때가 많지요. 그래서 10년, 20년 전혀 변화 없이 그저 허탈해지기도 합니다. 하지만 기도해 보세요. "하나님, 제 힘으로는 저를 바꿀 수 없습니다. 하나님이 하옵소서. 하나님이 개입하시면 저는 변화될 수 있습니다." 이를 악물고 간절히 기도해 보세요.

성령이 역사하실 때까지 성령을 전적으로 의지하며 간절히 간구해 보세요. 성령이 나의 기도를 도우시며 나를 변화시키는 손길을 체험하게 될 것입니다. 나를 나 되도록 변화시키는 이 성령의 체험이 저와 여러분의 것이 되기를 주의 이름으로 축원합니다.

- 설교자 : **옥한흠 목사**[127]
- 설교 본문 : **에베소서 3:14-16**
- 설교 제목 : **마음이 텅 비었습니다**[128]

최근 뉴스에 따르면 우리나라에서 교통사고로 죽는 인구보다 자살로 죽는 인구가 1.5배 더 많다고 합니다. 참으로 충격적이지 않을 수 없습니다. 우울증뿐만 아니라 조현병을 앓는 사람도 증가했고, 신경증 환자나 성격 장애를 일으키는 사람도 늘어났습니다. 더 넓게는 귀신에게 사로잡혀 완전히 혼돈의 세계에서 생활하는 사람도 많이 있습니다. 정신이 약해지면 사탄이 우리의 마음을 함부로 노략질할 수 있습니다. 따라서 "정신이 약해졌다. 정신에 문제가 있다"는 것은 인격뿐만 아니라 개인의 삶을 볼 때에 얼마나 치명적인 일인지 모릅니다.[129]

우리는 모두 정신 건강을 해치기 쉬운 문화와 환경 속에 몸담고 살아가고 있으므로 경고가 필요합니다. 물질적으로 번영하면 어느 시대를 막론하고 사람들의 정신에 병이 든다는 것은 무슨 하나의 공식처럼 적용됐습니다. 물질적으로 번영한 나라치고 정신적으로 병들지 않은 나라가 역사상 지금까지 하나도 없었습니다. 날마다 '어떻게 즐길까' 하는 생각이 머릿속에 가득 차 이렇게 인생을 즐길 생각만 하고 살다 보면 마침내 정신적으로 병이 들어 버린다는 것을 우리는 잘 알고 있습니다.

3D업종 기피현상이 왜 있습니까? 그것은 우리가 정신적으로 약해져서 3D업종을 감당하기 어려워서 그런 현상이 일어나는 것입니다. 정신적으로 약한 사람들은 고통이나 어려움에 대해서 무조건 피하고 보자는 심리가 있습니다. 고통이라고 느끼는 것은 정신 건강과 굉장히 밀접한 연관성이 있습니다.

우리는 한때 굉장히 가난했지만 정신적으로 건강했기 때문에 10리 길을 걷는 것을 고통스러워하지 않았습니다. 그러나 요즘은 버스를 타려고 한 블록을 걸어야 하는 상황이 되면 "귀찮다. 힘들다"고 짜증을 내는 사람들을 심심찮게 볼 수 있습니다. 정신적으로 나약해져서 고통이라 볼 수 없던 것까지 고통으로 여기게 되었기 때문입니다.

과거의 어머니들은 땔감을 들고 부엌에 들어가서 매운 연기를 마셔 가며 불을 땠습니다. 그렇게 물을 끓여서 밖으로 가지고 나와 그것으로 세수를 하고 빨래도 했습니다. 그녀들은 불 때고, 더운물 나르고 하는 것이 고통인 줄을 몰랐습니다. 그러나 오늘날 어쩌다가 온

수가 나오지 않아 가스레인지로 찬물을 데워야 하면 불편하다고 툴툴거리는 것이 다반사입니다.[130)]

고통이 아닌 것을 고통으로 여기는 것은 정신적인 문제입니다. 이런 현상이 계속 진행되다 보면 급기야는 정신적으로 악영향을 미치거나 문제를 일으키기도 합니다. 정신건강을 지키려면 신앙생활을 제대로 하는 수밖에 없습니다.

저는 얼마 전에 충격적인 이야기를 들었습니다. 신유의 은사를 받은 집사님 한 분이 우리 교회 가까운 곳에서 봉사하고 계십니다. 지방에 사는 타 교회 집사님인데, 그분은 항상 일주일에 이틀은 서울에 올라와서 자신의 은사로 섬긴다고 합니다. 그 집사님을 통해 놀라운 하나님의 역사가 일어났고 많은 사람이 치유받았습니다. 그러니 한 번 올라오면 이틀 동안 수백 명의 환자를 만나게 됩니다.

한번은 그 집사님이 제게 이런 말을 했습니다. "목사님, 정신적으로 이상한 사람이 어떻게 이렇게 많을 수가 있죠? 하루에 수백 명이 몰려옵니다. 어떤 때는 제가 너무 지쳐서 정신이 다 없습니다. 그런데 목사님, 이거 아세요? 정신적으로 문제가 있어서 저에게 찾아오는 사람 중 상당수가 교인이라는 사실입니다."

이 말은 저에게 큰 충격이 아닐 수 없었습니다. 교회가 진실로 은혜가 충만하다면 정신적으로 약하거나 문제가 있는 사람들이 들어와도 강건해져야 마땅합니다. 그런데 치유받으러 구름떼처럼 몰려드

는 사람들이 교인이라니 놀라지 않을 수가 없습니다.[131]

사람들은 점점 영리해져서 자기에게 조금 문제가 된다고 한다면 전부 남 탓으로 돌립니다. 자라난 환경 탓, 가족에게 사랑받지 못한 탓, 누구한테 상처받은 탓, 가난한 탓 등 별별 이유를 다 붙여 가며 남 탓하기 바쁩니다. 교회를 다녀도 항상 환경 탓, 남 탓 등을 하면 건강하지 못한 생각들을 이어갑니다. 예수님을 믿는다고 해도 그 안에 능력이 없습니다. 말씀에 순종하지 않고 세상이 흘러가는 대로 내 정신이 흘러가게 놓아두기 때문입니다.

어떤 장로님이 〈국민일보〉에 자신의 일대기를 연재했습니다. 읽어 보니 참 기가 막혔습니다. 태어난 지 열흘 만에 어머니가 세상을 떠났고 중학생 때는 아버지마저 세상을 떠났습니다. 그때가 일제강점기였는데 어린 몸에 굶어 가면서 1인 3역을 했다고 합니다. 그리고 해방되자마자 혈혈단신으로 남한에 내려왔기에 이분은 제대로 사랑을 받아 본 적이 없습니다. 누군가의 보호 아래 울타리 안에서 어린 시절을 제대로 난 적이 없습니다. 그의 마음은 만신창이였을 것이고 상처투성이였을 것입니다.

하지만 이 장로님은 누구보다 건강하고 건전하게 사회에 기여하고 있습니다. 그는 하나님의 나라를 위해서 지금까지 수십 년 동안 봉사하면서 살아왔습니다. 그렇게 할 수 있었던 것은 신앙생활을 바르게 했기 때문입니다. 이 장로님만 봐도 환경 탓, 부모 탓, 가난 탓

하는 것은 모두 자기 핑계입니다. 성경적으로는 이런 이유가 통하지 않습니다.[132)

하나님의 은혜는 맨 먼저 우리의 속사람을 강건케 하는 데 집중됩니다. 속사람은 바로 정신과 직결되기 때문에 속사람이 강건하면 정신 건강이 좋을 수밖에 없습니다.

에베소서 3장 16절에 "그의 영광의 풍성함을 따라 그의 성령으로 말미암아 너희 속사람을 강건하게 하시오며"라고 말씀합니다. 바울은 지금 로마의 차디찬 감옥 바닥에 무릎을 꿇고 엎드렸습니다. 사랑하는 에베소 교인들을 생각하면서 하나님 앞에 이렇게 기도합니다.

"하나님, 하나님은 풍요로우신 분입니다. 모든 것을 가진 부요하신 분입니다. 에베소 교인들을 위해 기도합니다. 성령의 능력을 날마다 공급하여주시옵소서. 그리하여 그들의 속사람을 강건하게 하옵소서. 주의 백성들이 어려운 세상에서 핍박을 이기고 승리할 수 있도록 이들의 속사람을 강건하게 하옵소서."

이 기도 중에서 우리가 집중하고 보아야 하는 것은 '속사람'이라고 하는 단어입니다. 바울은 이 속사람을 '정신'이라는 단어와 거의 같은 개념으로 이야기하고 있습니다. 속사람은 우리가 예수님을 믿으면서 성령 안에서 거듭나는 새로운 자아입니다. 우리는 이것을 새로운 피조물이라고 말합니다. 이 자아는 하나님께서 내주하고 계시는 자아로, 성령님이 내 안에서 역사하시는 자아입니다. 예수님을 믿지 않는 사람들은 겉사람은 살아 있지만 속사람은 다 죽은 자들입니다. 우리는 예수님 때문에 속사람이 생명을 얻게 된 자들입니다.

예수님을 믿는 사람은 새생명을 얻은 자들입니다. 속사람이 살아난 하나님의 거룩한 백성입니다. 이 세상에서 예수님을 믿는 사람은 가라지가 아닌 알곡입니다. 알곡은 정성으로 돌봐야 합니다. 시간을 들여 가꿔야 합니다. 그래야 건강하게 자랄 수 있습니다. 만약 제대로 돌봐주지 않고 내버려 두면 잡초 때문에 살아남지 못합니다.

또한 예수님을 믿는 사람들은 마귀의 권세로부터 자유를 얻은 하나님의 백성입니다. 그러므로 우리는 마귀의 지배 아래 있지 않습니다. 하지만 아직 세상에서 살아가야 하므로 늘 깨어 있어야 합니다. 마귀는 우리의 틈만 노리고 있다가 약점이 하나라도 잡히기만 하면 바로 치고 들어옵니다. 우리가 마귀를 이기고, 세상을 이기고, 잡초 속에서 건강하게 자라고 좋은 열매를 맺기 위해서는 날마다 성령님이 주시는 능력을 공급받아야 합니다. 험난한 세상을 살면서 어설픈 신앙생활로 속사람에 문제가 생기면 마귀는 그 기회를 놓치지 않고 와서 우리를 건드립니다. 시험합니다. 그럴 때 예수님을 믿는 사람이 오히려 믿지 않는 사람보다 정신적으로 더 문제를 일으킬 수 있습니다.

이 때문에 바울은 에베소 교인들이 성령님께서 주시는 능력을 받아 속사람이 날마다 강건케 되기를 기도했습니다. 속사람이 날마다 강건케 되는 것은 자연의 힘이 아니라 초자연의 힘입니다. 우리는 이 힘을 공급받아야 합니다. 그래야만 우리의 정신도 제 기능을 발휘할 수 있습니다. 속사람이 강건하기 위해서 무엇을 어떻게 해야 하냐고 묻는다면 새로운 어떤 해답은 아무것도 없습니다. 우리가 잘 알고 있는 아주 상식적인 이야기들뿐입니다.

'신바람 나는 건강법'을 주제로 강의하는 황수관 박사의 책을 읽어 보거나 그분 강의를 들어 본 사람이라면 공통으로 느끼는 것이 있습니다. "새로울 것이 없다"는 것입니다. 어떻게 하면 우리가 건강하게 살 수 있느냐는 질문에 대한 그의 대답은 아주 간단합니다. 골고루 잘 먹고, 좋은 공기를 마시고, 적당하게 운동하고, 항상 기쁘게 생활하는 것입니다. 이것이 끝입니다. 그런데 여기서 황 박사가 특별히 강조하는 것이 있습니다. 바로 "기쁘게 살라"는 것입니다. 그럼 "어떻게 하면 항상 기쁘게 생활할 수 있느냐?"는 질문에 그는 "예수님을 믿으면 된다"고 합니다. 이렇게 자기 강의를 통해 기쁨의 근원 되신 예수님을 소개합니다.[133]

속사람을 위한 건강수칙도 이와 마찬가집니다. 성령님이 우리에게 능력을 주시는 네 가지 방법이 있는데, 첫째는 하나님의 말씀을 골고루 잘 먹는 것이고, 둘째는 기도로 영적 호흡을 지속하는 것이며, 셋째는 남을 위해 봉사하는 것입니다. 마지막으로 주님의 말씀대로 항상 기뻐하려고 노력하고 감사하려고 노력하는 것입니다. 이런 자에게 성령님께서 날마다 새로운 힘과 능력을 공급해주십니다. 이 네 가지 방법을 통해 성령님은 우리 속사람을 강건하게 해주십니다. 이제 한 가지씩 구체적인 방법들을 살펴봅시다.

첫째로, 속사람은 하나님의 말씀을 먹어야 삽니다. 하나님의 말씀은 살아 있고 활력이 있습니다(히 4:12). 그리고 "사람이 떡으로만 살 것이 아니요. 하나님의 입으로부터 나오는 모든 말씀으로 살 것이라"(마 4:4)고 하셨습니다. 이 말씀에 나오는 '사람'은 속사람을 가리킵니다. 그러므로 우리는 말씀을 골고루 잘 먹어야 합니다.

둘째로, 성령님은 당신 안에서 무시로 기도하는 사람에게 능력을 주십니다. 기도는 영혼의 호흡이자 영혼이 숨 쉬는 방법입니다.

셋째로, 몸의 건강을 위해서 적당한 운동이 필수이듯 속사람을 위해서도 영적 운동이 필요합니다. 은혜받은 것을 흘려보내고 나누어야 합니다. 사랑으로 섬기는 일에, 세상에 복음을 전하는 일에, 교회 안에서 봉사하는 일에, 남을 위해 희생하는 일에 시간을 들여야 합니다.

호스피스 봉사자들을 가만히 지켜보십시오. 죽음이 임박한 환자들은 바라보는 것만으로도 너무 비참해서 차마 보기가 어렵습니다. 그런 사람들을 마지막까지 돌보아주고, 그들의 영혼을 위해 기도해주며, 말벗이 되어주는 일은 보통 일이 아닙니다. 아무나 쉽게 할 수 있는 섬김이 아닙니다. 호스피스 봉사자들을 보면 하나같이 그 얼굴이 얼마나 밝은지 모릅니다. 그들의 속사람이 얼마나 건강한지 모릅니다. 성령님께서 그렇게 봉사하는 사람들에게 매일 새 힘을 공급하심으로 속사람을 강건하게 해주시기 때문입니다.[134]

마지막으로, 항상 감사하고 기뻐하고 노력하십시오. 범사에 감사하라고 했으니까 특별히 감사할 일이 없어도 감사하려고 노력하는 것입니다. 주님이 명령하시기 때문에 항상 기뻐하려고 노력하는 사람을 주님이 기뻐하십니다. 그리고 더욱 기쁘게 살아갈 힘을 풍성히 공급해주십니다.

이 네 가지 방법을 바르게 지킬 때 우리의 속사람은 날로 강건해집니다. 만약 교회를 다니면서, 예수님을 믿는다고 하면서 정신적으로 문제가 일어난다면 이 네 가지 중 무엇에 소홀했는지 찾아야 합니다.

스승의 날을 맞아 어느 집사님 부부가 제게 장문의 편지를 보내왔습니다. 스승의 날이기에 감사의 편지이기도 하지만 그 내용은 저에게 큰 감동을 안겨 주었습니다. 읽는 내내 눈물을 많이 흘렸습니다. 집사님의 남편이 회사에서 파견을 받아 오사카에서 일하게 되었습니다.

어느 날, 이들 부부가 서너 살 먹은 아들과 함께 외출하려고 준비하던 중, 아들이 정원에 있는 자그마한 연못에 그만 빠지고 말았습니다. 아이는 가라앉아 버렸고 연못이 꽤 깊었는지 부모는 아이를 찾을 수가 없었습니다. 간신히 아이를 건져냈을 때는 시간이 꽤 흐른 뒤였고 다행히 숨은 쉬고 있었지만 뇌가 손상되어 버렸습니다. 뇌 기능에 치명적인 상처를 입은 것입니다. 저는 그 일이 있은 지 1년쯤 지나서 그 가정을 만났기 때문에 아이를 앞에 두고 기도하고 돌아온 기억밖에는 없습니다.

그런데 편지에 보니까 사고가 난 후 하나님께서 그 집사님에게 어떻게 은혜를 주셨는지 자세히 기록되어 있었습니다. 그 집사님은 주님께 필사적으로 매달렸다고 합니다. 그 당시 남편은 그다지 믿음이 없었기 때문에 혼자서 주님께 매달렸다고 합니다. 그때 하나님께서 성령의 능력으로 속사람을 얼마나 강건하게 해주셨는지 아무리 기도를 해도 힘들지 않고 오히려 그 시간이 짧게 느껴졌다고 합니다. 성경을 펼치면 하나님의 말씀이 그렇게 꿀맛처럼 달 수가 없었답니다. 아이가 그 지경이 되었는데 어떻게 성경이 눈에 들어올까 하는 의문이 드는 분도 계시겠지요. 우리 생각에는 그럴 수 있습니다. 그러나 그 집사님은 당시 상황을 이렇게 고백합니다. "저는 성령 충만한 가운데 아들을 간호하는 것이 전혀 힘들지 않았습니다." 자기 손에 있는 무기라고 해봐야 성경책과 찬송가 외에는 아무것도 없었습니다. 그러나 은혜에 사로잡히니까 병실에 오는 사람마다 붙잡고 "예수 믿으라"고 전도하는 사람으로 바뀌었습니다.

저는 이 편지를 읽는 내내 "목사보다 낫다"라는 감탄이 멈추질 않았습니다. 우리 집 아이들은 한 번도 그렇게 고생한 일이 없습니다. 그러니까 사실 저는 경험해보지 않은 뭔가를 지금 말하고 있다고 해도 과언이 아닙니다. 그러나 한 가지는 분명히 알고 있습니다. 하나님의 능력이 얼마나 강하고 풍성하냐는 것입니다. 이런 이야기를 하면서 집사님은 이렇게 글을 썼습니다.

"목사님, 아들의 상태는 지금도 여전하지만 우리 가족은 이 상태로도 감사하며 하나님의 복음을 전할 수 있게 되었습니다. 아들이 12년을 누워 있지만 하나님의 은혜로 견딜 수 있었으며 아들을 통해 불신자를 전도하게 해주셨습니다. 아무리 힘들고 어려운 일을 만난 가정이라도 제가 당하고 있는 일을 이야기하며 전도하면 그들은 할 말을 잃고 그런 힘을 주신 하나님이라면 자기도 믿어 보겠다고 말합니다. 제자훈련을 받으면서 '나는 아무것도 할 수 없다' 며 두 손 들고 주님한테 고백할 때마다 주님은 제 마음에 평안과 기쁨과 감사하는 마음을 주셨습니다."

저를 더욱 놀라게 한 것은 이 집의 초등학교 2학년 되는 딸 아이가 쓴 한 편의 시였습니다.

12년이 지났다. 지금까지 기도해 왔는데 소용이 없었다.

하지만 우리는 하나님을 버리지 않고 열심히 기도한다.

왜냐하면 하나님께서 우리에게 시간을 주시는 것일지도 모르기 때문이다.

우리 오빠를 보면 왠지 마음이 행복하다.

오빠의 얼굴을 보면 오빠가 누워 있는 모습이 꼭 천사가 누워 있는 모습과 같다.

우리 오빠는 그 어려운 위기에서도 이겨 내리라 믿는다.

우리 오빠가 빨리 나았으면 좋겠다.

이 가정의 조건을 한번 생각해 봅시다. 정신적으로 부도가 나도 열 번은 넘게 날 수 있는 가정입니다. 말도 못 하고, 제대로 듣지도 못하며, 움직이지도 못하는 그런 가족이 집안에 누워 있습니다. 그런 가정에서 자라면 정상적인 자녀도 엇나갈 텐데, 이 가정의 둘째는 아픈 오빠를 보면서 천사를 보는 것 같다고 말할 정도로 온 가정이 은혜로 충만합니다. 얼마나 건강한 가정입니까? 이런 건강이 어디서 올 수 있습니까? 하나님의 말씀을 붙들고 날마다 기도하기 때문에, 성령님의 놀라운 능력을 공급받기 때문에 이와 같은 은혜가 있는 것입니다.[135]

살벌한 경쟁 사회에서 우리가 지칠 대로 지쳐 있는 것은 사실입니다만 그렇다고 정신적으로 느슨해지면 안 됩니다. 약한 부분이 보이면 속사람의 건강부터 체크해야 합니다. 과거와 비교하면 요즘 사람들은 마음에 여유가 참 없어 보입니다. 증오심과 열등감, 교만과 질투심으로 마음이 얼룩져 건드리기만 하면 터질 것 같은 증세를 보이는 사람들이 너무나 많습니다. 믿음생활을 한다고 하면서 이와 같이 심리적으로 무서운 적들에게 포위당해 있다면 그것은 정상이 아닙니다.

성령의 능력을 받아서 여러분의 속사람을 더욱 강건하게 하십시오. 성령의 능력을 받기 위해서 하나님의 말씀을 먹어야 합니다. 기도해야 합니다. 주님의 나라와 영광을 위하여 봉사할 수 있는 사람이 되어야 합니다. 그리고 더 기뻐해야 합니다. 더 감사해야 합니다. 가정에서 아내가 먼저 성령의 능력을 받으면 남편도 힘을 얻게 됩니다. 용기를 가질 수 있습니다. 자신감을 회복할 수 있습니다. 또한 연약한 자녀들도 강건해집니다. 그뿐만 아니라 우리 주변에 정신적으로 약해서 살 소망을 잃어버린 많은 사람에게 생기를 전해주는 통로가 될 수 있습니다.

하나님은 성령의 능력으로 속사람을 강건하게 하십니다. 속사람이 강건하면 정신적으로 약해지지 않습니다. 이 영적 원리에서 벗어나지 않도록 하나님의 말씀대로 순종하여 성령의 능력을 받으시길 바랍니다. 성령의 능력이 우리 속사람을 힘 있게 소성시키는 놀라운 역사가 있기를 바랍니다.

● 설교자 : 해돈 로빈슨 교수[136]
● 설교 본문 : 마태복음 7:24-28
● 설교 제목 : 우리 삶의 기초를 어디에 두고 있는가[137]

저는 25년 전, 댈러스의 한 주택 건설업자 친구와 대화를 나눈 적이 있습니다. 그는 자기 신념을 사업에 효율적으로 이용하고자 했습니다. 제 친구는 기초가 튼튼하고 벽이 견실하며 좋은 단열재를 쓴 좋은 집을 건축하는 것이 중요하다고 믿었습니다. 그는 주택을 구매하는 사람이 볼 수 없는 세세한 것에 주의를 기울였습니다. 그러나 다른 건축업자들은 우량 가옥을 건축하는 것보다는 거래에 더 관심이 있었으므로 제 친구는 경쟁에 밀리고 있었습니다. 그의 경쟁자들은 주택을 사러 오는 부부들이 주로 외형, 곧 실내 장식품과 치장하는 것에 관심을 갖는다는 사실을 알았습니다.

이러한 상황은 정직한 건축업자에게는 불리한 것이었습니다. 기초에 더 신경을 쓰고 벽과 다락에 단열재를 넣는다면 결과적으로 그는 많은 장식물을 설치하는 데 돈을 투자하지 못하게 됩니다. 장식에 돈을 투자하면 집값을 올려야 합니다. 그를 가장 괴롭힌 것은 집을 사는 사람들이 보이지 않는 것에는 관심이 없다는 것이었습니다. 그들은 단지 몇 년간 그 집에서 살 것으로 생각했으므로 그들에게 더 중요한 것은 질이 아니라 외형이었습니다. 제 친구는 주택 건설사업을 그만두고 부동산 중개업에 열중함으로써 자신의 문제를 해결했습니다. 그곳을 찾는 구매자들은 기초와 벽과 지붕에 무슨 재료를 사용했는지에 더 관심이 있었습니다.

몇 년 전 저는 댈러스로 돌아가서 제 친구가 주택을 건설하려고 했던 곳 근처를 지나가게 되었습니다. 그곳은 마치 빈민굴처럼 보였습니다. 우리가 보이지 않는 것에 주의를 기울이지 않으면 감추인 것이 드러날 때가 오게 됩니다.[138]

1. 두 건축가의 비유

산상수훈의 결론 부분에서 예수님께서는 좋은 집을 짓는 것에 대한 관심을 보이셨습니다. 이것은 놀라운 일이 아닙니다. 왜냐하면 그분은 목수이셨기 때문입니다. 나사렛에서 요셉과 그의 아들들로 이루어진 목공소의 일원으로서 그분은 사람들이 집에 들여놓을 가구를 만드시고 아마도 집도 몇 채 지으셨을 것입니다. 예수님께서는 기초가 튼튼한 집과 약한 집의 차이를 아셨습니다. 그러므로 산상수훈 끝부분에서 이 목수-설교자는 지혜로운 건축업자와 어리석은 건축업자에 관하여 말씀하신 것입니다.

예수님께서는 산상수훈의 마지막 예화에서 집을 짓는 두 사람에 대해 말씀하십니다. 그 건축업자들은 몇 가지 공통점이 있습니다. 우선 두 사람은 영구한 집을 짓고 있습니다. 그들은 연장을 보관하는 헛간이나 천막을 만드는 것이 아닙니다. 그들은 정착해서 가족을 부양하고 자녀에게 물려줄 집을 지으려 했습니다. 또 그들은 아마도 비슷한 주택을 짓고 있었을 것입니다. 예수님은 결코 설계상의 어떤 차이를 강조하지 않으셨습니다.

그들은 약간 다른 위치로 집을 지었을 테지만 예수님께서 말씀하신 의도에 따르면 두 건물은 똑같은 것이었을 것입니다. 일반인이 보기에는 아무런 차이가 없었을 것입니다. 그 두 집은 똑같아 보였습니다. 무심코 보는 사람은 두 집의 기초가 서로 다르다는 것을 알 수 없었습니다. 그 차이는 명확하게 보이는 것은 아니지만 근본적인 것입니다. 한 사람은 자기 집을 반석 위에 지었고 다른 사람은 모래 위에 지었습니다. 이것은 부조리극의 한 장면 같습니다. 모래 위에 집을 세울 그런 어리석은 사람이 있으리라고는 상상하기 어려운 일입니다. 그러나 여기에서 묘사는 그리 어리석어 보이지 않습니다.

초여름에 팔레스틴이나 미국의 여러 지역은 집을 짓기 좋은 곳처럼 보입니다. 그 땅은 부드럽고 경치는 웅장하며 태양 빛에 익은 모래땅은 살기 좋은 곳처럼 보입니다. 게다가 모래 위에 집을 짓는 것은 힘이 적게 듭니다. 바위를 파는 데는 더 많은 땀과 시간이 필요합니다. 모래 위에 집을 세우는 것은 명백히 이점이 있으며 그것이 바로 오늘날 사람들이 모래 위에 집을 짓는 이유입니다. 미국 서부 해안 지역의 사람들은 단층 위나 옆에 집을 짓습니다. 그들은 멋진 일몰 광경을 봅니다. 그러나 태풍이 불면 그 집 밑에 있는 지반은 침식을 당합니다. 그리고 그런 사치스러운 집 중에 일부는 언덕 아래로 무너져내립니다. 어떤 집은 사실 태평양으로 침수됩니다. 그와 같은 재난이 있고 난 뒤에도 어떤 사람들은 여전히 경사진 비탈길에 집을 건축하는 것을 고집합니다.

예수님이 말씀하셨듯이 태풍이 똑같은 것처럼 보이는 집들의 차이점을 드러냅니다. 억수 같은 비는 기초의 견고함을 드러내고 바람은 우리가 지은 집의 강도를 시험합니다. 산상수훈을 다시 훑어보면 예수님은 외형에 관심을 기울이시지 않았다는 것을 상기하게 됩니다. 겉모습은 속일 수 있습니다.

스탠퍼드대학교가 설립되었을 때 그 대학교 내에는 로마 개선문과 같은 큰 아치가 있었습니다. 그 대학교는 레란드 스탠퍼드(Leland Standford)를 기념하여 건립되었는데 그는 그 대학교를 설립하는 데 엄청난 돈을 기부하였습니다. 그 아치는 매우 크고 튼튼하고 찬란하게 세워져서 영원히 서 있을 것처럼 보였습니다. 그러나 지진이 났을 때 그 아치는 무너져 폐허가 되고 말았습니다. 분명히 건축업자는 돈을 절약하려고 했을 것입니다. 단단한 바위로 그 아치를 만들고 가능한 한 기초를 깊게 판 것이 아니라 암반이 단단하지 못한 분괴층(分壞層) 위에 그 아치를 세웠습니다. 지진은 그 건축업자가 지반을 잘못 선택했다는 사실을 드러냈습니다.[139]

예수님께서 건축사업에 관하여 말씀하려고 하신 것은 분명히 아닙니다. 혹은 건축하는 법에 대한 가르침을 주려고 하신 것도 아닙니다. 그분은 삶을 사는 방법에 관한 교훈을 주시려고 집을 예로 드셨습니다. 우리의 삶을 묘사하기 위해 다른 많은 비유를 사용할 수도 있겠지만 예수님은 집을 건축하는 비유를 택하셨습니다. 우리의 삶은 집과 유사합니다. 모든 사람이 각자 어떤 종류의 집을 짓고 있습니다. 그러나 우리의 삶은 벽돌과 나무, 못과 시멘트 반죽으로 이루어지지 않습니다. 우리는 모두 우리 삶을 지탱하는 기초가 있습니다. 그 위에 우리는 무엇인가를 세우게 됩니다. 그 기초는 불안정한 모래이거나, 단단한 반석일 것입니다.

어떤 사람들은 자신들의 삶을 재산 위에 세웁니다. 자신들이 얼마나 많은 재산을 소유했는가를 봅니다. 어떤 사람들은 열정, 곧 욕망의 만족도에 자신들의 삶을 세웁니다. 어떤 사람들은 지위, 곧 자신들이 지닌 직업과 직책 위에 삶을 세웁니다. 그리고 어떤 사람들은 영원한 것 위에 삶을 세웁니다. 우리는 모두 어떤 계획, 어떤 설계에 따라서 삶을 세우고 있습니다. 마구잡이로 세우지는 않습니다. 우리는 모두 세계관이 있고 철학이 있습니다. 우리는 모두 우리에게 중요한 무엇인가가 있습니다. 우리의 삶의 건축물이 의지하는 그 어떤 것 말입니다.

예수님은 우리 모두가 우리 삶의 기초를 시험받게 될 것이라고 말씀하십니다. 우리 모두, 곧 지혜로운 건축자와 어리석은 건축자, 그리스도인과 무신론자들은 태풍에 드러날 것입니다. 그리스도인들도 그냥 통과하지 못합니다. 하나님은 자기 백성을 편애하시지 않습니다. 그

리스도인이라고 해서 인생 여정에 태풍을 만나지 않으리라는 보장은
전혀 없습니다.

2. 태풍의 의미

태풍은 우리를 시험하는 것입니다. 생명의 빛 속에서 산다는 것이
우리 자신의 존재 됨이 어떠한지에 관해 많은 것을 말해주지는 않습니
다. 누구든지 태양이 비치고 바람이 잔잔할 때 굳건히 서 있는 집을 지
을 수는 있습니다. 우리 기초의 견고함과 약함을 드러내는 것이 바로
태풍입니다. 때때로 태풍은 강한 유혹으로 우리에게 불어 닥칩니다.

저는 지난 두 주간 동안 큰 유혹을 받고 있는 사람들과 대화를 나누
었습니다. 한 사람은 어느 금융 기관에서 일하는데 그는 갚을 수 없
는 빚을 졌습니다. 그는 공금 일부를 '빌리고 싶은' 유혹을 받았고,
물론 그는 어떤 사람이 발견하기 전에 갚을 작정입니다. 또 다른 한
사람은 자신의 결혼생활과 가족과 명성을 버리고 싶다는 유혹을 강
하게 받았습니다. 그는 자신이 알고 있는 젊은 여성에게 완전히 사
로잡혀 있습니다. 우리가 진정으로 어떤 존재인가 하는 것을 유혹
이라는 폭풍이 드러내고 있습니다.

때때로 태풍은 개인적인 손실을 안겨주기도 합니다. 당신은 유일한
수입원이며, 당신에게 자긍심과 신체의 안전을 제공해주는 직장을
잃을지도 모릅니다. 신중하게 투자한 주식이 갑자기 폭락할 때 그
것은 당신이 스스로 세운 안락한 삶을 파괴하려고 하는 폭탄과 같

을 수 있습니다. 우리가 의존할 안전한 어떤 것을 세우지 못하고 우리 삶의 모든 것이 허물어지고 있다는 것을 깨달을 때 우리는 우리 삶의 잘못된 기초가 드러나는 것을 보게 됩니다.

태풍은 우리가 병들어 있거나 죽음의 공포에 휩싸여 있을 때 휘몰아치기도 합니다. 당신은 건강을 잃고 괴로워하며 고통당할 수 있습니다. 그리고 당신과 당신이 예상한 은퇴 후의 안락한 생활 사이에 죽음의 그림자가 다가올지도 모릅니다. 당신은 자신이 세운 삶의 기초가 강한지 스스로 질문하기 시작할 것입니다. 그리고 당신이 사랑하는 사람이 의문의 죽임을 당할 때 그리 단단하지 않은 기초는 깨지기 시작할 수 있습니다. 이와 같이 시간이 우리 삶의 기초들을 드러내고 있습니다.

성공이 기초를 시험하기도 합니다. 성공은 부드러운 봄비처럼 우리에게 옵니다. 처음에 우리는 성공이 우리 삶을 풍요롭고 건강하게 할 것이라고 확신합니다. 그러나 계속해서 번영할 때 그것은 태풍처럼 큰 파괴적인 힘으로 발전할 수 있습니다. 우리가 잃는 것이 아니라 얻는 것이 우리의 기초를 시험하는 최고의 기준이 될 때가 종종 있습니다. 많은 사람이 큰 역경을 당하는 것보다는 큰 부와 재산을 얻음으로써 영적인 기초를 잃게 됩니다.[140]

모든 사람에게는 삶과 죽음과 하나님이 있다는 사실과 마찬가지로 분명하게 심판의 태풍이 오고 있습니다. 우리는 모두 그리스도의 심판대에 서서 우리가 살았던 삶을 설명해야 할 것입니다. 그 태풍은 우리의 기초가 반석인지 모래인지, 우리가 안전한 것 위에 집을 지었는지 아니면 덧없는 것 위에 집을 지었는지를 판단하는 마지막 시험이 될 것입니다. 예수님께서 선언하셨듯이 우리는 모두 집을 짓고 있습니다. 우리가 짓고 있는 것은 햇빛이 아니라 태풍의 시험을 받을 것입니다.

3. 반석 위에 집을 짓는 자

예수님께서 시사하신 것은 어떤 사람은 견딜 것이고 어떤 사람들은 무너질 것이라는 사실입니다. 예수님은 그분의 말씀을 듣고 실천하는 자들은 지혜롭게 집을 짓는 사람이라고 말씀하셨습니다.

많은 종교적인 사람이 잘못 생각하는 것이 있습니다. 그것은 성경을 아는 것이 성경을 순종하는 것과 같으며, 성경 구절을 암송하는 것이 그것을 적용하는 것과 같고, 기독교의 교리를 인정하는 것이 그것을 실천하는 것과 같다고 생각하는 것입니다. 예수님은 "그렇지 않다"고 말씀하십니다. 물론 말씀을 듣는 것은 필수 불가결한 것이지만 말씀을 "행하는 것"이 말씀을 아는 것입니다.

우리는 하나님을 확실히 의지해야 하고, 그런 다음에는 반드시 순종해야 합니다. 우리 삶의 중심, 초점, 기초는 예수 그리스도여야 합니다. 그 기초 위에 집을 짓는 사람들은 태풍이 올 때 견딜 것입니다. 심판 날에 그 기초는 우리를 안정하게 지켜줄 것입니다. 그러나 모든 집이 견디지는 못할 것입니다. 사실 산상수훈은 심판에 관한 격렬한 말씀으로 끝나고 있습니다. 우리는 낙관적이고 긍정적인 말씀으로 끝나며, 또 우리 자신에 관해 좋은 느낌을 주는 설교를 좋아합니다. 그러나 예수님은 설교 끝부분에서 태풍에 관해 경고하시는 말씀을 하십니다.

예수님은 심판과 지옥에 관한 많은 말씀을 하셨습니다. 산상수훈에서 예수님은 두 문과 두 길과 두 목소리에 관하여 말씀하셨습니다. 넓은 길을 선택하는 사람들은 멸망할 것이고 거짓 선지자들을 따르는 사람들은 쫓겨나 지옥불에 던져질 것입니다. 5장에서 예수님은 지옥에 관해 말씀하셨고 지옥을 게헨나, 예루살렘 성 밖에 있는 쓰레기 소각장에 비유하셨습니다. 그분은 심판과 멸망을 우주의 쓰레기장에 버려지는 것으로 비유하셨습니다. 자기 집이 태풍에 견디지 못하는 자들에게 멸망이 임하고 있다는 것을 우리에게 말씀하시기 위해 예수님은 온갖 상징, 곧 어둠, 불, 쓰레기 소각장을 사용하셨습니다.[141]

하나님은 우리를 매우 진지하게 대하십니다. 비록 우리는 우리 자신을 진지하게 직면하지 않을지라도 말입니다. 그러나 우리가 내리는 결정과 우리가 세우는 기초는 영원한 의미가 있습니다. 우리는 인생의 바람이 휘날리게 하는 낙엽이 아닙니다. 우리는 결정을 하며 우리의 존재를 스스로 세워나갑니다. 그리고 모래 위에 집을 짓기로 선택하는 자들은 어느 날 자신의 집이 무너진 것을 발견할 것입니다. 그러므로 우리는 어떻게 집을 지을까에 주의를 기울여야 할뿐 아니라 우리가 어디에 기초를 세울 것인가를 신중하게 선택해야 합니다. 우리 삶의 기초는 무엇입니까? 진정으로 우리에게 중요한 것은 무엇인가요? 그것은 바로 심판 때에 드러날 것입니다.

4. 예수님의 가르침의 내용과 방법

우리가 친구를 교회로 인도했을 때 예배 후에 묻는 첫 번째 질문은 "어떻게 생각하니?"입니다. 우리는 친구가 설교와 설교자와 예배를 좋아하는지 알고 싶어 합니다. 우리는 대부분 예수님께서 열정적으로 외치신 말씀에 귀를 기울이지 않습니다. 마태복음 7장 28절에서 우리는 그분의 청중이 그분의 가르침에 놀랐다는 것을 알게 됩니다. 그들은 두 가지, 곧 그분의 가르침의 내용과 방법에 놀랐습니다.

예수님의 가르침은 그들이 이전에 들어 본 어떤 사람들의 가르침과도 달랐습니다. 그분은 그들에게 새로운 형태의 신앙이나 돈을 더 많이 내라거나 더 자주 예배에 참석하라고 촉구하시지 않았습니다. 그분은 그들에게 일상적인 종교 활동에 더 큰 헌신을 하라고 요구하지도 않으셨습니다. 예수님은 그들의 동기, 그들의 내면 깊은 곳을 돌아보게 하셨습니다. 그분은 하나님이 중요하게 여기시는 것은 그들과 그분과의 관계라고 말씀하셨습니다.

그분은 참 종교는 어떤 외적인 행함이 아니라 깊은 실재라고 말씀하셨습니다. 그것에서 하나님에 대한 전적인 신뢰와 그들이 다른 사람들에게 가장 좋은 것을 추구하게 하는 사랑이 나오는 것입니다. 예수님의 가르침은 1세기의 종교가 아니었으며, 솔직히 말해서 오늘날의 기독교도 아닙니다. 우리의 신앙 형태는 의식과 출석과 별로 중요하지 않은 것들을 강조하며 우리의 깊은 내면의 더 비중이 큰 것들을 무시합니다.

예수님은 율법 선생이 아니라 권세 있는 자로서 가르치셨습니다. 랍비들은 고등교육을 받았으며, 천 년간의 종교적인 전통을 두루두루 알았고, 모든 학문적인 견해를 배운 사람들입니다. 그러나 그들은 권위 있게 가르치지 못했습니다. 그들의 가르침은 대부분 전문가의 말을 단순히 인용하는 차원에 머물렀습니다. 그들에게 귀를 기울이는 것은 마치 확대된 각주를 어떤 사람이 읽는 것을 듣는 것과 같았습니다.

예수님은 그렇게 가르치시지 않았습니다. 산상수훈이 전해진 지 2천 년이 지난 지금, 우리는 이런 차이의 중요성을 알 수 없을지도 모릅니다. 예수님께서는 30세가량 되셨는데 고대 세계의 기준으로는 나이가 많지 않은 셈입니다. 그분은 별로 중요하지 않은 작은 마을 나사렛에서 성장하셨습니다. 예수님은 목수요 장인이셨습니다. 그분은 랍비들이 다니는 학교에 다니지 않았습니다. 그분은 종교적인 전통들을 공부한 적이 없었습니다. 그러나 작은 마을 출신이며 30여 세 된 이 목수의 아들은 나이 많은 서기관과 율법 선생들이 갖지 못한 권위로 말씀하셨습니다.

선지자들은 구약에서 말씀을 선포할 때 "여호와께서 이렇게 말씀하셨다"라고 말함으로써 그들의 메시지를 시작했습니다. 그 짧은 문구는 구약성경에서 거의 3천 번이나 나옵니다. 선지자들은 자신의 권위로 말한 것이 아니라 하나님의 권위로 말했습니다. 예수님이 결코 이 문구를 사용하시지 않았다는 것은 놀라운 일입니다. 예수님은 자신의 권위로 말씀하셨습니다. 마태복음 5장 17절에서 예수님은 율법을 완전케 하려고 오셨다고 말씀하셨습니다. 예수님은 율법이 가리키는 모든 것을 자신의 생애에서 그 삶으로 구현하셨습니다. 행동에서뿐만 아니라 동기에서도 그렇게 하셨습니다. 더욱이 예수님은 구약의 모든 것, 자신을 가리키는 모든 예언, 자신과 관련된 모든 약속, 궁극적으로 자신을 언급한 모든 역사, 자신을 가리키는 모든 미래를 성취하셨다고 말씀하셨습니다. 그분은 모든 선지자가 말씀한 바로 그분이셨습니다.

온 세상의 심판주가 이 설교를 하셨습니다. 그리고 영원한 운명은 사람들이 그분과 함께 행한 것과 그분이 그들과 함께 행한 것에 따라서 결정될 것입니다. 예수님은 산상수훈 전체를 통해 권위 있게 말씀하셨습니다. 예수님은 하나님의 이름으로가 아니라 하나님 자신으로서 말씀하셨습니다. 이스라엘 사람들은 그렇게 말하는 사람의 말을 들은 적이 없었습니다. 왜냐하면 그분과 같은 사람이 이전에 땅에 나타난 적이 없었기 때문입니다.

산상수훈에는 우리를 책망하고 우리의 동기를 드러나게 하고 우리의 마음 깊은 곳을 꿰뚫어 보는 통찰력이 있습니다. 그리고 예수님께서 팔복 중에 첫 번째로 말씀하신 것처럼 우리는 심령이 가난하게 되어 우리를 그분에게 맡기게 됩니다. 산상수훈이 끝났을 때 사람들은 예수님께로 몰려갔습니다. 그들은 예수님의 가르침의 내용과 방법에 놀랐습니다. 결국 가치 있는 설교는 우리를 예수님께로 돌아오게 합니다.

기독교는 그리스도가 없이는 존재하지 않습니다. 기독교의 본질은 행동의 양식이 아니라 사람에 대한 관계입니다. 율법이 아니라 주님과의 관계입니다. 그리고 그것은 영원한 기초입니다. 곧 그분은 우리가 우리의 삶을 안전하게 세울 수 있는 유일한 토대가 됩니다.

월드비전(World Vision)이라는 세계적 구제기관의 창설자인 밥 피어스(Bob Pierce)는 그 기관의 회원들과 다툰 후에 자신의 생애의 업적을 양도했습니다. 피어스는 결정을 한 후 자기 가족에게 이렇게 설명했습니다.

"나는 그들에게 모든 것을 주었다. 내 필름, 내 사무소, 내 일…. 만일 그들이 그렇게도 그것을 원한다면 가질 수 있다고 나는 그들에게 말했다. 나는 아무것도 가지지 않고서 시작했으니 아무것도 가지지 않은 채 떠날 것이다."

피어스의 딸, 메릴린 피어스 덩커(Marilee Pierce Dunker)는 '영광의 날, 밤의 계절'(Days of Glory, Seasons of Night)에서 가족의 반응을 다음과 같이 서술했습니다.

"예수님께서는 여전히 우리 삶이 세워지는 기초, 곧 어제나 오늘이나 내일도 언제나 변함이 없는 굳건한 반석이십니다."

예수님께서는 우리가 그분 외에 다른 어떤 것, 심지어 종교적인 대의명분이라 할지라도 그것 위에 우리 삶을 세울 때 우리는 모든 것을 잃고 마는 위험에 처하게 된다고 말씀하십니다. 덩커는 그 당시의 자기 아버지를 보고 이렇게 말했습니다.

"아버지는 자신이 만든 제국에서 추방당한 왕과 같다. 그는 폭풍 전야의 침묵으로 자신이 잃어버린 것을 슬퍼했다. 그의 내분의 소용돌이가 통제할 수 없을 정도로 흔들리고 숨 막힐 정도로 한바탕 발작을 일으키기 시작했을 때 우리는 모두 점점 관심을 가지면서 지켜보았다."

피어스의 열 살 난 딸, 로빈(Robin)은 그날 전 가족을 대신하여 이렇게 물었습니다.

"엄마, 이제 우리는 누구지요?"

굳건한 반석, 그리스도 위에 집는 짓는 무리에 속하는 사람들은 항상 자신들이 누구에게 속하는지를 알고 있습니다.[142]

● 설교자 : **팀 켈러 목사**[143]
● 설교 본문 : 마가복음 3:1-6
● 설교 제목 : 그리스도 안에서 참된 평안을 누리라[144]

　예수님이 죄 용서의 권위를 주장하시자 종교 지도자들은 신성모독이라며 펄쩍 뛰었습니다. 하지만 예수님은 아랑곳없이 다시 한번 대담한 주장으로 종교 지도자들이 할 말을 잃게 만드셨습니다. 예수님이 종교를 개혁하러 오신 게 아니라 종교를 끝내고 종교를 대신하기 위해 오셨다고 하셨으니 종교 지도자들이 당황할 만도 했습니다.

　하나님은 일주일에 하루는 쉬라고 명령하셨습니다. 이는 정말 좋은 법이지만 예수님 당시의 종교 지도자들은 이 법에 온갖 구체적인 조항을 덧붙였습니다. 그러다 보니 안식일에 하지 말아야 할 활동이 39가지나 되었습니다. 바리새인들이 제자들을 비난한 것은 이삭을 자르는 행위가 이 39가지 조항에 포함되었기 때문입니다. 계속해서 마가는 그 안식일에 일어난 두 번째 사건을 묘사합니다.

예수님은 왜 종교 지도자들에게 분노하셨나요? 안식일은 상한 것을 회복시키는 날입니다. 안식일은 마른 땅을 소생시키고 망가진 것을 고치는 날입니다. 그래서 사람의 마른 손을 고치는 것은 안식일에 꼭 해야만 하는 일입니다. 하지만 안식일의 규정에만 얽매었던 종교 지도자들은 예수님이 손 마른 사람을 치유하는 것이 영 못마땅했습니다. 이들은 숲은 보지 못하고 나무만 보는 사람들이었습니다. 이 병자는 손만 말라 있었지만 종교 지도자들은 마음이 말라 있었습니다. 그들은 사소한 규정으로 비판만 일삼았습니다. 왜일까요? 바로 종교 때문입니다.

1. 종교 vs 복음

두 사건에서 예수님은 두 가지 완전히 다른 영적 패러다임을 보여 주셨습니다. 둘 다 하나님의 법에 순종하려고 하지만 서로 완전히 다른 패러다임을 따르는 것입니다.

두 사람을 상상해 봅시다. 둘 다 안식일을 잘 지키려고 하는데, 한 사람에게는 순종이 짐이요 속박이지만 다른 사람에게는 기쁨이요 선물입니다. 한 가지 패러다임은 바로 종교입니다. 종교의 본질은 충고입니다. 다른 패러다임은 소식으로 전해지는 예수 그리스도의 복음입니다. 이 둘은 완전히 다른 패러다임입니다. 사람들은 하나님이 계신다면 착하게 살아야 그분께 다가갈 수 있다고 믿습니다. 세부 사항은 천차만별이라도 대부분 종교가 이런 원칙을 바탕으로 합니다.

민족주의라는 종교에서는 민족의 구성원답게 행동하라고 합니다. 영성주의적인 종교에서는 의식의 변화를 통해 신에게 이를 수 있다고 합니다. 율법주의적 종교에서는 행동 강령을 따르면 신에게 은총을 입을 수 있다고 말합니다. 이 모든 종교의 이면에는 공통된 논리가 있습니다. 내가 잘해야 비로소 받아들여질 수 있다는 것입니다.[145]

하지만 예수님의 복음은 이 논리와 완전히 정반대 태도를 보입니다. 먼저 예수님이 나를 받아주셨기 때문에 내가 순종하는 것입니다.

저는 9년간 목회해 온 버지니아주의 작은 마을 호프웰에서 이 차이를 처음으로 실감했습니다.

1997년이었을 것입니다. "네 이웃을 네 자신과 같이 사랑하라"는 본문으로 다음과 같이 설교했습니다.

"절박한 마음과 열심, 기쁨, 진정성, 창의적인 정신으로, 자신의 필요만큼이나 다른 사람의 필요를 채워주는 것이 하나님의 뜻이라고 생각합니다. 이것이 우리의 지향점입니다. 여러분이 이렇게 사시기를 바랍니다."

설교가 끝나고 한 여학생이 저를 찾아와 말했습니다.

"목사님, 절친한 친구와 함께 학교 미인대회에 참가했는데, 저는 꼴찌를 하고 친구는 입상했어요. 제가 입상한 것처럼 친구를 위해 기뻐해 주라는 말씀인가요?"

제가 말했습니다.

"설교를 참 잘 이해했구나."

그러자 여학생이 저를 똑바로 바라보며 이렇게 말했습니다.

"기독교는 정말 이상해요. 누가 그러고 싶겠어요?"

여학생과 잠시 앉아 토론하다가 예수님의 말씀을 다시 상기시켰습니다.

"예수님은 네가 네 이웃을 네 자신과 같이 사랑하기를 원하신단다."

그러자 여학생이 이렇게 대답했습니다.

"무엇보다도 제 이웃이 정확하게 누구인지를 알고 싶어요. 세상 사람이 다 제 이웃은 아닐 것 아니에요. 세상 모든 사람을 그렇게 사랑할 수는 없어요. 우리 집 주변으로 몇 블록까지 이웃으로 쳐야 할까요? 그리고 제가 정확히 무엇을 해야 하는지 알고 싶어요. 제 이웃에게 뭘 해줘야 하죠?"

질문에서 불안감이 느껴지지 않습니까? 이 여학생은 독선과 도덕적 교만에 빠진 친구는 아니었습니다. 하지만 예수님을 통한 하나님의 사랑과 포용을 충분히 경험하지 못했습니다. 그래서 이 여학생에게 율법은 하나님과 남들에게 좋은 사람으로 보이고 처우 받기 위한 수단일 뿐이었습니다.

이 여학생은 사랑과 순종으로서의 율법의 역할을 이해할 수 있을 만큼 정서적 안정감이 있지 않습니다. 그저 자신의 선을 증명해 보이기 위해 구체적인 행동 규범들을 찾아 지킬 생각뿐이었습니다. 누구라도 이런 불안감에 빠질 수 있습니다. 단지 이 불안감을 남들보다 잘 숨기는 사람들이 있을 뿐입니다.[146]

종교에서 율법을 지키는 목적은 자신이 하나님 앞에 설 수 있는 사람임을 증명해 보이는 것입니다. 그래서 종교는 율법의 세부 항목에 연연합니다. 종교에서는 정확히 뭘 해야 하는지를 알아야 합니다. 그래야 사소한 실수도 하지 않을 수 있습니다. 율법의 의도는 뒷전입니다. 율법의 세부 사항을 다 찾아내 율법을 정확히 지키고 있다는 확신이 가장 중요합니다.

하지만 그리스도인의 삶에서 하나님의 법은 비록 구속력이 있지만 전혀 다른 방식으로 작용합니다. 율법은 우리에게 많은 은혜를 주신 하나님 앞에서 우리가 살아야 할 사랑의 삶을 보여줍니다. 하나님의 법은 우리 자신에게서 벗어나도록 도와주십니다. 우리 자신에게 매몰되는 대신에 하나님과 사람들을 어떻게 섬길 수 있는지를 가르쳐줍니다. 하나님의 법을 공부하고 순종하는 것은 우리를 창조하시고 죄의 결과로부터 구속해주신 분을 기쁘시게 하고 닮아가기 위해서입니다.

2. 자신의 가치를 증명하는 일

예수님은 종교에 집착하는 무리에게 이렇게 말씀하셨습니다.

"안식일이 사람을 위하여 있는 것이요 사람이 안식일을 위하여 있는 것이 아니니 이러므로 인자는 안식일에도 주인이니라."

이 말은 안식일의 본래 정신을 일깨워주는 말씀입니다. 안식일이 무슨 날입니까? 바로 쉬는 날입니다. 아울러 예수님은 안식일의 준수를 둘러싼 율법주의를 철저히 깨부수십니다. 예수님은 종교적 패러다임을 송두리째 바꾸십니다. "나는 안식일을 '지배하는' 주인이다." 예수님은 이렇게 안식일에 대한 권리만 주장하실 수도 있었습니다. 하지만 우리 예수님은 이보다 훨씬 더 멋진 말씀을 하셨습니다.

안식일(Sabbath)은 깊은 쉼이요 깊은 평안을 의미합니다. 이는 '샬롬'(Shalom)의 유의어입니다. "나는 안식일의 주인이다." 이 말씀은 예수님이 곧 안식의 근원이라는 뜻입니다. 예수님은 우리에게 필요한 깊은 안식의 근원이십니다. 그분은 쉬는 방식을 완전히 바꾸기 위해 오셨습니다. 일주일에 하루를 쉬는 것은 우리에게 필요한 깊고도 신성한 쉼의 맛보기에 지나지 않습니다. 예수님은 바로 그런 쉼의 근원이십니다.

예수님은 사실상 이렇게 말씀하신 것입니다. "나는 안식일의 주인이니 너에게 쉼을 줄 수 있다." 이것이 무슨 뜻일까요? 예수님이 쉬라고 하시는 것은 정기적으로 일을 멈추라는 뜻입니다. 하지만 더 깊은 차원의 쉼이 있습니다. 하나님의 세상 창조사역을 설명한 창세기 1장의 끝부분을 보면 하나님이 쉬셨다고 나옵니다. 하나님이 피곤하셨다는 말인가요? 그럴 리는 없습니다. 그렇다면 하나님은 어떻게 쉬셨을까요? 쉼에는 다른 이유가 있습니다. 작품이 아주 만족스럽게 완성되었을 때에 우리는 마침내 연장을 내려놓고 쉬게 됩니다. "정말 마음에 들어. 다 이루었어!" 하나님도 세상 창조를 마치고 "좋다"라며 흡족해 한 뒤 마침내 쉬셨습니다.

영화 〈불의 전차〉는 1924년 파리 올림픽에서 뛴 두 선수의 실화를 그린 작품입니다. 두 선수 중 에릭 리델(Eric Liddell)은 그리스도인이었기 때문에 안식일에 경기에 뛰지 않기로 했습니다. 그래서 우승이 유력한 종목에서 금메달을 따지 못했습니다. 어떤 의미에서 쉼은 이와 같습니다. 하지만 이 영화는 에릭 리델과 해럴드 에이브러햄스(Harold Abrahams)를 비교하면서 새로운 차원의 쉼을 보여줍니다. 리델과 에이브러햄스는 모두 금메달을 향해 최선을 다해 달려갔습니다. 하지만 에이브러햄스의 목적은 자신의 능력을 증명해 보이는 것이었습니다. 영화의 한 장면에서 에이브러햄스는 자신이 뛸 경기에 관해 이렇게 말했습니다.

"내 존재 가치를 증명할 시간은 10초 안에 있다."

반면 리델은 이미 자신의 가치를 인정하고 받아주신 하나님을 기쁘시게 할 마음뿐이었습니다. 그래서 여동생에게 이렇게 말합니다.

"하나님이 나를 빠르게 만드셨어. 달릴 때마다 그분이 기뻐하시는 게 느껴져."

리델은 뛸 때도 쉬는 기분이었지만 에이브러햄스는 쉴 때조차 힘들어했습니다. 이유가 무엇인가요? 표면적인 일 아래에 있는 또 다른 일로부터 쉬어야 하기 때문입니다. 그것은 바로 자기의 가치를 증명하는 일입니다. 이 일에 바쁜 사람은 주로 종교에서 안식처를 찾습니다.[147]

우리 대부분은 하나님과 자신, 그리고 남들에게 자신의 가치를 증명해 보이기 위해 일하고 또 일합니다. 이 일은 복음 안에서 쉼을 얻기 전까지 절대 끝나지 않습니다. 하나님은 위대한 창조 사역을 마치고 "다 이루었다"라고 하신 뒤에 쉬셨습니다. 예수님도 십자가 위에서 위대한 구속 사역을 마치고 "다 이루었다"라고 하셨습니다. 덕분에 우리가 쉴 수 있게 되었습니다. 십자가 위에서 예수님은 표면적인 일 이면의 일을 말씀하신 것입니다. 우리를 정말로 지치게 만드는 일, 우리의 인격과 행실이 완벽하지 못하기에 어떻게든 자신의 의를 증명해 보이려고 발버둥 치는 일, 예수님은 바로 이 일을 다 이루셨다고 말씀하십니다.

예수님은 우리가 살아야 할 삶을 사셨고 우리가 당해야 할 죽음을 당하셨습니다. 우리가 예수님이 이루신 일에 의지하면 하나님은 우리를 있는 그대로 흡족해하십니다. 우리도 현재의 삶에 만족할 수 있습니다. 세상에서 가장 멋진 휴양지에 가더라도 예수님이 십자가에서 이루신 일 안에서 영혼의 깊은 쉼을 얻지 못한다면 진정으로 쉬는 게 아닙니다. 예수님은 십자가 위에서 하나님으로부터 분리되어 고통을 겪으셨습니다. 덕분에 우리는 그분이 우리를 사랑하시고 우리 죄를 용서하셨다는 사실을 알고 거기서 오는 깊은 쉼을 누릴 수 있습니다.

3. 스스로 있는 분

예수님은 스스로 안식일의 주인이라고 말씀하셨습니다. 이것은 경악할 만한 선언입니다. 그전까지 그 어떤 인간도 이런 주장을 펼친 적이 없습니다. "나는 신성한 존재이다." 이런 주장을 편 사람은 많았습니다. 그들은 인간은 물론이고 나무와 바위까지 만물 속에 신성이 깃들어 있다고 믿었습니다. 그와 달리 예수님은 전능하신 하나님의 존재를 알고 계셨습니다. 이 하나님은 영원 전부터 자존하셨으며 무한히 초월적인 분입니다. 하나님은 세상을 창조하셨으며 우주를 운행하십니다. 모든 분자와 별, 태양계들이 이 하나님의 권능으로 유지되고 있습니다.

예수님은 자신이 바로 그 하나님이라고 말씀하신 것입니다. 사실 예수님은 늘 자신을 하나님으로 부르셨습니다.

"나는 생명의 떡이다."

"나는 세상의 빛이다."

"나는 길이요 진리요 생명이다."

"나는 참 포도나무이다."

"나는 선한 목자이다."

여기서 "나는 … 이다"(I Am)란 표현이 중요합니다. 이것은 하나님이 자신을 부르신 이름인 '스스로 있는 자'(I Am)와 같기 때문입니다. 이 이름은 너무도 신성하여 이스라엘 백성들은 감히 입에 담지도 못했습니다. 그런데 예수님이 그 이름으로 자신을 스스로 부르신 것입니다.[148]

예수님이 중풍 병자를 고치면서 뭐라고 말씀하셨는지 기억하나요? "네 죄 사함을 받았느니라." 본질에서 이는 모든 죄가 그분에게 지은 죄라는 주장입니다. 용서란 자신이 당한 일에 대해서만 할 수 있습니다. 따라서 죄는 바로 하나님이 당하신 일이며 이로써 예수님은 자신이 하나님이라고 주장하신 것입니다.

모든 선지자와 종교 지도자, 현자들은 "여호와께서 그리 말씀하셨다"라는 말로 자신의 주장을 뒷받침했습니다. 하지만 예수님은 누군가를 의지해서 말씀하신 적이 없습니다. 그저 "내가 진실로 진실로 이르노니"라고 말씀하셨습니다. 그 뒤에 이어진 모든 말씀의 이면에는 그분이 스스로 존재하는 창조자라는 전제가 깔려 있습니다.

"예수가 위대한 선생이라는 것은 믿는다. 하지만 예수가 하나님이라는 말은 못 믿겠어." 이것은 앞뒤가 맞지 않는 말입니다. 예수님의 가르침은 그분의 정체성에 관한 주장을 근거로 하고 있기 때문입니다. 안식일에 관한 예수님의 가르침을 믿습니까? 그런데 그 가르침은 예수님이 안식일의 주인이라는 사실을 근거로 합니다. 예수님은 안식일의 근원이십니다. 예수님은 세상을 창조한 뒤 일곱째 날에 쉬는 분이십니다.

역사가 N. T. 라이트(Wright)는 이렇게 말했습니다.

"허리케인이 사람이 되고 불이 육신이 되고 생명 자체가 생명이 되어 우리 가운데 걸어 다녔다는 주장은 받아들이기에는 너무 엄청난 주장이다. 하지만 이 주장이 아니면 기독교는 아무것도 아니다. 이는 세상의 가장 깊은 현실을 더없이 분명하게 밝혀 준 주장이거나 얼토당토않은 거짓이거나 둘 중 하나이다. 우리 대부분은 감히 이렇다 저렇다 확실히 말하지 못하고 안타깝게도 그 중간의 얄팍한 세상에서 살고 있다."

맞는 말입니다. 예수님 같은 주장을 펼치는 사람을 단순히 좋아할 수는 없습니다. 미워하든가 아니면 전심으로 따르든가 둘 중 하나만 가능합니다. 예수님을 정말로 하나님으로 여겨 그분 앞에 엎드려 "무슨 명령이든 내리세요"라고 말할 수밖에 없습니다.[149]

N. T. 라이트가 말한 '그 중간의 얄팍한 세상'에서 사는 것은 자신

을 속이는 행위입니다. 예수님은 하나님이 아니라서 우리의 기도를 들을 수 없는 분이거나, 정말로 하나님이거나 둘 중 하나입니다. 만약 예수님이 말씀하신 대로 하나님이라면 예수님을 우리 삶의 중심에 두어야 할 것입니다.

4. 종교의 끝

마가는 이 안식일 사건에 관한 이야기의 끝부분에 이런 문장을 덧붙입니다. "바리새인들이 나가서 곧 헤롯당과 함께 어떻게 하여 예수를 죽일까 의논하니라." 바로 이 문장 하나에 신약의 중심 주제 중 하나가 고스란히 녹아들어 있습니다. 헤롯당은 정복자 로마의 하수인이자 비열한 왕인 헤롯을 지지하는 무리입니다. 로마는 정복하는 국가마다 통치자를 세우고 그리스 문화를 주입했습니다. 하지만 이스라엘은 이런 부도덕한 이방 문화의 침투를 극도로 경계했습니다. 그리하여 이스라엘에서 일어난 문화적 저항운동이 바리새파입니다. 바리새인들은 구약성경의 가르침을 강조했으며 이방문화에 오염되지 않도록 철저히 조심했습니다.

헤롯당은 시류에 편승했지만 바리새파는 전통적인 미덕을 수호했습니다. 바리새파는 다원주의와 이방 종교를 철저히 경계하며 전통적인 도덕 가치로의 회귀를 촉구했습니다. 그래서 이 두 집단은 오랜 숙적일 수밖에 없었습니다. 그런데 이제 이 두 집단이 예수님이라는 공적 앞에서 손을 잡게 되었습니다. 늘 서로 으르렁대던 두 집단이 하나로 뭉쳤고, 특히 종교인들인 바리새파가 앞장섰습니다.

이 점이 신약의 중심 주제 중 하나를 암시합니다. 바로 그리스도의 복음이 종교와 비종교 모두에 대한 공격이라는 것입니다. 이 복음은 도덕주의와 섞일 수 없고 상대주의와도 융화될 수 없습니다. 바리새파가 채택한 전통적인 가치방식은 도덕의 준수를 강조합니다. 이 방식에 따르면 완벽에 가깝게 살아야 합니다. 헤롯당은 시대의 흐름을 따르는 것을 중시합니다.

그런데 성경에 따르면 이 두 방식 모두 스스로 구세주이자 주인이 되려는 태도입니다. 둘 다 예수님의 메시지와 정면으로 대치합니다. 그뿐만 아니라 둘 다 자기 의로 이어집니다. 도덕주의 진영은 이렇게 말합니다. "착한 사람은 복을 받고 나쁜 사람은 벌을 받는다. 물론 우리는 좋은 사람들이다." 그런가 하면 시대를 따르는 진영은 이렇게 말합니다. "그렇지 않다. 생각이 트인 사람은 복을 받고 비판적인 고집쟁이는 벌을 받는다. 물론 우리는 생각이 열린 사람들이다."

복음은 이렇게 말하지 않습니다. 복음에 따르면 겸손한 사람은 용납되고 교만한 사람은 배제됩니다. 자신이 남보다 낫지도 도덕적이지도 않다는 사실을 인정하는 사람에게는 소망이 있고 자신이 옳은 편에 있다고 생각하는 사람은 위험천만합니다.

예수님이 바리새인에게 하신 말씀에서 이런 복음의 논리가 드러납니다. "건강한 자에게는 의사가 쓸 데 없고 병든 자에게라야 쓸 데 있느니라. 나는 의인을 부르러 온 것이 아니요. 죄인을 부르러 왔노라"(막 2:17).

예수님이 '의인'을 위해 오신 게 아니라는 말씀은 '의인'에게는 그분이 필요하지 않다는 뜻이 아닙니다. 이 말씀을 이해하기 위한 단서 중 하나는 예수님이 자신을 의사로 부르셨다는 사실입니다. 우리는 스스로 치유할 수 없는 병이 있을 때 의사를 찾아갑니다. 의사에게 무엇을 원하는가요? 조언만이 아니라 개입을 원합니다. "정말로 아프군요!" 이런 말만 할 줄 아는 의사는 필요가 없습니다. 우리에게는 약이나 치료가 필요합니다.[150]

예수님은 영적인 의사를 찾아가지 않는 사람을 의인이라 부르십니다. 의인은 착하거나 도덕적인 행실로 자신을 스스로 치유하여 하나님 앞에 떳떳이 설 수 있다고 믿는 사람입니다. 이 사람은 영적 의사의 필요성을 느끼지 않습니다. 다른 사람이 개입하지 않아도 스스로 치유할 수 있다고 믿습니다. 그래서 예수님은 죄인을 부르러 오셨다고 말씀하십니다. 죄인은 어떤 사람인가요? 도덕적으로나 영적으로나 자신을 구원할 수 없다고 겸손히 인정하는 사람이 죄인입니다. 안식일의 주인이 "다 이루었다"라고 말씀하셨으니 이제 우리는 종교로부터 영원히 쉴 수 있게 되었습니다.

한번은 영국의 유명한 목사 딕 루카스(Dick Lucas)가 설교 중에 이런 이야기를 소개했습니다.
초대교회 성도와 이웃 로마인 사이의 대화입니다. 이웃 로마인이 말합니다.

"듣자 하니 종교인이라면서요? 종교는 좋은 것이지요. 당신 종교의 성전과 성지는 어디에 있나요?"

그리스도인이 대답합니다.

"성전은 따로 없어요. 예수님이 우리의 성전이시지요."

"성전이 없다고요? 그러면 제사장은 어디서 제사를 지내나요?"

"하나님과 우리 사이를 중재하는 제사장은 따로 없어요. 예수님이 우리의 제사장이시지요."

"제사장이 없다고요? 그러면 희생 제물은 어디서 드리나요? 희생 제물을 드려야 하나님의 은혜를 입을 수 있잖아요."

"희생 제물은 필요 없어요. 예수님이 우리의 희생 제물이시죠."

"뭐 이런 종교가 다 있어?"

이웃 로마인이 툴툴거리며 가버렸습니다.

맞습니다. 기독교는 종교가 아닙니다. [151]

"성도들이
교회 오는 길을
행복하게 해주 책!"

PART 05

주제에 어울리는
예화 샘플

● ● ● ● ●

어떤 예화가 좋은 예화일까?

성경 본문과 연관성이 있어야 한다. 설교의 주제를 잘 드러내는 맛깔스러운 예화이어야 한다. 본문을 잘 설명하고, 설교자의 주장을 증명하고, 설교의 주제를 적용하는 예화가 설교에 쓰임새가 있다.

예화의 역할이 무엇일까? 예화는 진리를 설명하고 증명하고 적용하는 역할을 한다.[152]

좋은 예화의 샘플을 소개한다. 본문의 의미를 잘 드러내고 설교 주제를 청중의 마음에 남도록, 그래서 말씀을 적용할 수 있도록 돕는 예화들이다. 이런 예화 샘플을 청중에게 영향을 주는지 확인할 수 있다.

- 예화 주제 : **순종**
- 본문 : **히브리서 11:7**
- 제목 : **방주를 만들어라**

민음은 곧 순종이다. 오늘의 순종은 내일의 열매를 가져온다. 순종은 작은 것에서, 내가 할 수 있는 것에서부터 시작하는 것이다.

노아의 방주 프로젝트는 인류 역사상 가장 규모가 크고 오래 걸린 건설 프로젝트 중 하나로 평가됩니다.

노아가 방주를 지은 것은 하나님께서 명령하셨기 때문입니다. 그것은 노아가 하기로 되어 있는 일이었습니다.

톱으로 나무를 잘라 널빤지를 만들고 망치로 못을 박는 일이 바로 순종의 행위였습니다. 그것은 성경에 기록된 모든 순종의 행위 중에서도 가장 오랫동안 지속되었습니다.

노아가 그 한 가지 순종의 행위를 시작해서 끝마치는 데는 햇수로

120년, 날수로는 43,800일이 걸렸습니다.

저는 책을 쓰기로 되어 있었습니다.

사실 저는 대학원 재학 중에 작문적성평가 시험에서 평균 이하의 점수를 받기도 했습니다. 그렇지만 제가 글을 쓰라는 부르심을 받았다는 것은 그 누구보다 잘 알고 있었습니다. 또 이런 저의 적성 부족으로 인해 하나님의 기름 부음을 훨씬 더 의지해야 하며, 그것이 하나님을 더 영화롭게 하는 길이라는 것도 알고 있었습니다.

저는 저자로서 13년간 좌절했습니다. 그동안 단 하나의 원고도 완성하지 못했기 때문입니다. 이루지 못한 꿈을 해마다 상기시키는 것 같아 생일도 점점 싫어졌습니다.

그러다가 마침내 첫 번째 책이 출판되었을 때 기쁨보다는 안도감이 더 컸습니다.

제가 하기로 되어 있는 일을 드디어 해냈다는 생각이 들어섭니다.

글을 쓰는 것은 알파벳으로 단어를 만들고, 문장을 구성하고, 문단을 짜고, 장(chapters)을 만드는 작업 이상입니다. 제 경우에 책 한 권을 쓰는 것은 보통 4개월에서 6개월 동안 이른 새벽부터 늦은 밤까지 온 마음을 다하는 순종의 행위입니다.

저는 키보드를 두드리면서 책을 쓰는 것이 아닙니다.

키보드를 두드리면서 기도합니다. 키보드를 두드리면서 예배합니다. 키보드를 두드리면서 꿈을 꿉니다.

새벽 일찍 알람을 맞춰놓고 키보드 앞에 앉는 것은 저의 순종의 행위입니다.

그것은 제가 하기로 되어 있는 일입니다. 그 일이 어려워질수록, 그 일을 완수하는 데 더 오랜 시간이 걸릴수록, 하나님께서 더 큰 영광을 받으십니다.

여러분이 직업상 어떤 도구를 사용하든지, 그것이 망치든, 키보드, 걸레, 청진기, 축구공, 계산기, 자동차, 마이크, 커피 내리는 기계라고 해도, 직업이나 직무를 수행하면서 도구를 사용하는 것은 모두 순종의 행위입니다.

여러분의 직업 활동은 하나님을 예배하는 하나의 메커니즘입니다. 여러분의 직업 활동은 여러분이 하기로 되어 있는 것을 수행하는 방법입니다.

반세기 전, 마틴 루터 킹(Martin Luther King) 목사가 이것을 다음과 같이 표현했습니다. 저는 그 진술이 정말 좋습니다.

"청소부가 당신에게 정해진 당신의 몫이면, 미켈란젤로가 그림을 그리듯, 셰익스피어가 시를 쓰듯, 베토벤이 음악을 작곡하듯 거리를 쓸어라. 하늘과 땅의 모든 무리가 멈춰 서서 '여기 위대한 청소부 한 사람이 살았다. 그는 거리를 쓰는 그의 일을 잘했다!'라고 말할 수 있도록 그렇게 잘 쓸어라."[153]

하나님께서 노아에게 방주를 지으라고 명령하셨을 때 그가 무슨 생각을 했는지는 알 수 없습니다. 그러나 추측해 보건대 '농담하시는 건가?'라고 생각했거나 '하나님이 어떻게 되신 게 아닐까?'라고 생각했을 것입니다.

노아는 하나님이 그에게 지으라고 명령하시는 것이 무엇인지 알 수 있을 만한 본보기가 없었습니다. 배는 그가 생전 듣도 보도 못한 새로운 무엇이었습니다. 하지만 그는 하나님께서 그에게 주신 계시의 일점일획까지 순종했습니다.

"노아가 그와 같이 하여 하나님이 자기에게 명하신 대로 다 준행하였더라"(창 6:22).

● 예화 주제 : **사랑**
● 본문 : **요한복음 3:16-17**
● 제목 : **교회의 힘은 사랑뿐입니다**

교회는 하나님의 사랑을 이 세상에 흘려보내야 한다. 세상은 하나님을 닮은 교회와 성도를 기대한다. 교회는 하나님을 예배하고 이웃을 사랑하는 공동체이다.

교회는 영혼을 사랑하는 공동체가 되어야 합니다.
교회는 세상을 향한 사랑을 많이 표현하는 사람들이 모이는 공동체가 되어야 합니다. 왜냐하면 이것이 하나님이 교회를 세우신 분명한 이유이기 때문입니다.

르완다를 비롯한 아프리카 지역에서 사역하던 어떤 선교사가 만나교회에 와서 간증한 적이 있습니다.

그중에서 당시 우간다는 내전으로 정부군과 반군 사이에 전쟁이 이어지던 때였습니다. 그때 반군이 병사를 길러내는 전략으로 마을에서 어린아이들을 잡아다가 훈련을 시켰답니다. 어릴 때부터 반군으로서 살인 무기를 만들었습니다.

그런데 그때 이 선교사님이 사역하던 마을에 한 아이가 반군에게 끌려갔다가 탈출해서 마을로 돌아오게 되었습니다.

가족들이 얼마나 기뻤을까요.

아이는 이제 가족과 함께 늘 행복한 시간을 보낼 일만 남은 것 같았습니다.

하루는 이 아이가 동생과 함께 밭일을 나갔습니다. 그런데 동생이 일을 안 하고 쉬고 있자, 아이가 물었습니다.

"너는 왜 일을 안 하니?"

그러자 동생이 이렇게 답했답니다.

"I am tired(나는 지쳤어)."

그 소리를 듣자마자 아이가 낫으로 동생의 목을 베어 버렸습니다. 그리고 동네에 와서 자초지종을 이야기했습니다.

자기가 반군 소속으로 전쟁터에 있을 때 아이들이 함께 행군하며 옮겨 다녔는데, 그때 힘들어 지친 아이들이 더 이상 가지 못하고, "I am tired"라고 말하면 그 자리에서 죽였다고 합니다.

이 아이에게 "I am tired"는 I want to die(죽고 싶다)라는 말이었던 것입니다.

어릴 때부터 사람을 죽이는 훈련을 하면 인간이 얼마나 잔인해질 수 있는지 단편적으로 알 수 있는 이야기였습니다.

반군은 여자들을 납치해서 성적 노리개로 삼곤 했는데 그때 잡혀간 여인들이 돌아오면 아빠가 누군지도 모르는 아이를 낳기도 한답니다. 그러면 동네에서는 이 여인들을 아무도 환영하지 않기에 아기도 여인도 굶어 죽어 간답니다.
이런 여인들을 돕기 위해 그들이 머무는 땅에 목숨 걸고 들어가는 사람들이 있습니다.

형제를 죽이고 서로 증오하며 힘들게 살아가는 사람이 있는 곳을 찾아가는 이들, 바로 그리스도인입니다. 이 선교사님도 그중 한 명이었습니다. 그분이 한 말 중에 기억에 남는 날이 있습니다.
"목사님, 여기에 이들을 불쌍하게 여기고 이들을 위해 일하는 사람들은 그리스도인밖에 없습니다."[154]
우리는 진정으로 영혼을 사랑하는 사람들이 되어야 합니다.
이 시대 한국교회의 가장 큰 영향력은 무엇일까요?
교회가 영혼을 사랑하고 그 영혼들을 돌보며 무엇을 하는가를 보여 줄 때 가장 영향력 있는 공동체가 될 것이라 믿습니다.

- 예화 주제 : **기다림**
- 본문 : **출애굽기 22:11-25**
- 제목 : **먼저 듣고 행동하라**

살다 보면 기다리고 인내할 때가 있다. 기다리면 중요한 타이밍을 놓치지 않는 반전이 일어난다. 성도는 먼저 하나님의 말씀을 듣고 기다리면 축복의 타이밍을 잡을 수 있다.

1996년 아카데미 최우수 작품상을 받은 멜 깁슨이 주연한 〈브레이브 하트〉는 13세기 말엽 잉글랜드와 스코틀랜드의 갈등 관계를 훌륭하게 그린 영화입니다.
스코틀랜드 왕이 후계자 없이 죽자, 잉글랜드는 스코틀랜드에 왕권을 요구하며 폭정의 그림자를 드리웁니다. 이 와중에 잉글랜드를 향하여 윌리엄 월레스(멜 깁슨 분)가 오합지졸의 스코틀랜드 병사를 일으켜 저항합니다.

이 영화 중의 명장면이 잉글랜드와 스코틀랜드가 정면을 맞붙은 스털링 전투장면입니다. 월레스는 제대로 된 무기도 없이 겁에 질린 오합지졸의 병사를 이끌고 대규모 전투를 승리로 이끌었습니다.

이 전쟁에서 잉글랜드는 압도적인 군사력을 동원합니다.

먼저 기마군단을 앞세워 무차별적으로 스코틀랜드 진영을 짓밟으려 합니다. 그런데 이때 월레스는 큰 승리를 거두게 됩니다. 그가 승리를 위해 짰던 전략은 먼저 기다리는 것이었습니다. 각자 가진 변변찮은 무기를 들고 적이 가까이 올 때까지 기다렸습니다. 월레스의 병사들은 적들이 가까이 오자 먼저 뛰쳐나가려고 발을 동동 구르고 있었고, 또 어떤 이들은 도끼라도 집어 던질 태세로 불안하여 어찌할 줄을 몰랐습니다.

이때 월레스가 병사들에게 내린 명령이 있습니다. 바로 Hold(기다리라)라는 명령입니다.

"Hold~, Hold~!"

명령이 두 번 나오는데 적군은 긴 창을 들이대며 전속력으로 달려들고 있습니다. 마지막 저지선을 넘어왔는데도 월레스는 "Hold~"라는 명령을 내립니다.

스코틀랜드 병사들은 움찔하며 어떻게든 손을 써야 하지 않나 싶어 불안해하는데도 월레스는 다시 한번 "Hold!" 명령을 내립니다. 모두 4번이나 내립니다. 이러다 죽는 것 아닌가 싶을 정도로 적군이 코앞에 닥쳤을 때 드디어 월레스는 "Now!"라고 외쳤습니다.

그러자 적군을 노려보며 떡 버티고 서 있던 스코틀랜드 병사들이 어떻게 했을까요? 모두 땅으로 엎드려 앉더니 재빠르게 바닥에 숨겨둔 뾰족하게 깎은 나무창을 들어 적군을 향하여 겨눕니다.

순식간에 울타리가 생기자, 적군들은 미처 말을 멈추지 못하고 그대로 그 나무창에 질려 죽습니다. 이것을 계기로 스코틀랜드 군사들은 큰 승리를 거두게 되었습니다.[155]

여러분, 전쟁에서 승리하려면 눈에 보이는 대로 움직여서는 안 됩니다. 전쟁에서 승리하려면 최고 사령관의 명령을 기다려야 합니다.

아무리 지금 나서야 할 것 같아도 명령이 떨어지기 전까지는 준비하고 기다려야 합니다. 그러다 "Now!"라는 명령이 떨어지면 그동안 기다렸던 것을 뒤로하고 주저 없이 행동에 나서야 합니다.

그래서 전쟁의 승리는 'Hold'와 'Now'를 얼마나 잘 지키느냐에 있습니다. 그러면 'Hold'와 'Now' 중 어느 것이 지키기 어려울까요? 바로 'Hold'입니다.

눈앞에 적군이 가까이 오는 위기 상황인데 가만히 있다가는 큰일 날 것 같습니다. 그래서 기다리라고 해도 불안해서 못 기다리고 먼저 뛰쳐나가다가 결국은 적에게 커다란 타격을 입게 됩니다.

기다릴 줄 아는 것, 이것이 전쟁에서 타이밍을 잡는 결정적인 능력입니다.

● 예화 주제 : 안식
● 본문 : 창세기 2:1-3
● 제목 : 안식의 축복

모두가 분주하게 정신없이 살고 있다. 안식을 잃어버렸다. 나아가 다른 곳에서 안식을 찾고 있다. 하지만 하나님 안에서만 참된 안식을 누릴 수 있다.

얼마 전 몸과 마음이 함께 무너져 고단했던 시간을 보낸 적이 있습니다. 급성 후두염으로 목소리가 나오지 않아 약속한 많은 집회를 취소하고 재조정해야만 했습니다.

소통의 장(場)으로 교우들과 즐겨하던 트위터와 페이스북까지 잠시 접어두고 제 안에 고단하고 외롭고 무거워진 영혼을 다시 토닥여야만 했던 시간이었습니다.

그때 저는 어느 황혼 녘 창가에 앉아 '억지로 쉼'이라는 시 한 편을 쓴 적이 있습니다.

억지로 쉬게 하심도 은총인 걸 알라시네
한동안 브레이크 잡지 않고 달려온 숨 가쁜 질주
액셀러레이터 파열 직전 급성 후두염으로 쉬게 하심도
위에 계신 님의 특별한 배려이거늘
쉬면서 깨닫는 아직도 철없는 더딘 지각이여
그래, 무리했던 일정 일부를 취소하고
미안하고 감사한 맘으로 황혼의 창가를 내다보며
모처럼 비어버린 시간의 여백을 훔쳐 시를 쓴다
또 달아나는 맘으로 일을 만들기보다
내 맘을 달랠 시와 음악을 향유하고자 함이니
시간을 정지시켜 시간의 궁전에 축제를 선포한다
일몰의 장엄함을 초대하여 부르고
기도로 부르면 이내 다가올 숨긴 님을 모시옵고
시와 찬미와 감사로 만드는 사랑의 비밀한 축제에
피곤해 잠들었던 내 참 자아를 깨워 무도회를 시작할지니
억지로 쉼이 초대한 행복한 축제의 저녁이여 156)

그때 새삼 깨달은 것이 있습니다.

안식에 대해 많은 설교를 했으면서도 정작 저 자신은 안식을 제대
로 지키지 못하고 살아왔다는 것입니다.

예수님은 안식일에 병자를 고치는 일을 감행하시면서 안식일이 사람을 위해 존재하는 것이지, 사람이 안식일을 위해 존재하지 않는다고 말씀하십니다.

사실 저와 같은 목회자에게 토요일은 설교 준비로 매우 긴장된 날이고 주일은 5, 6회의 설교를 해야 하는 육체적으로 고된 날입니다. 그래서 가능하면 저는 월요일을 안식일로 지키고자 노력합니다.

문제는 무엇으로 어떻게 안식을 지키느냐는 것입니다.

안식을 지키는 방법은 사람마다 매우 다양할 수 있습니다. 지적 노동을 많이 하는 사람에게는 오히려 땀을 흘리는 작업이 안식일 수 있고, 평소 몸을 많이 움직이는 근로자에게는 독서와 같은 정적인 일이 안식일 수 있습니다.

그런데 저를 포함한 현대인들이 안식을 지키지 못하는 가장 큰 이유는 안식을 시간 낭비로 생각하고 축복으로 인지하지 못하기 때문입니다.

본래 창세기 2장에서 처음으로 안식의 명령을 내리신 하나님은 안식을 축복이라고 말씀하십니다. 성경은 최초의 안식일을 '샤바트'라고 불렀습니다. 그러면 샤바트, 이 안식의 축복은 무엇일까요?

- 예화 주제 : **주님의 지상명령**
- 본문 : **마태복음 28:18-20**
- 제목 : **왕의 왕**

왕이신 예수님은 지상명령을 주셨다. 예수님이 우리와 함께하심을 믿고 복음 전도와 선교 사명에 '기쁨으로' 순종해야 한다.

이 말씀은 부활하신 주님이 제자들에게 주신 '지상명령' 입니다.
우리의 왕이신 예수님께서 내리신 지상명령은 구원받은 성도들이라면 예외 없이 모두, 언제, 어디서든 복종해야 하는 절대성을 갖습니다.

하늘 아버지께서는 부활하신 주님께 "하늘과 땅의 모든 권세를 주셨다"고 했습니다. 그리고 주님은 그 말씀을 하신 뒤에 바로 "가서 모든 민족을 제자로 삼으라"고 하셨습니다. 이것은 하나님이 주신 하늘과 땅의 모든 권세로 우리를 지원할 것이니 가서 제자 삼는 일을 하라는 것입니다. 여기서 '가라'는 말씀은 마귀가 권세 잡은 세상 한가운데로 들어가라는 말입니다.

우리의 왕이신 예수님은 우리가 영적 전쟁에서 공세를 취하기를 원하십니다. 아무리 막강한 전력이 있어도 군대가 공격 프레임을 취하느냐, 방어 프레임을 취하느냐에 따라 엄청나게 다른 결과를 낳습니다.

제가 얼마 전에 넷플릭스에서 2차 세계대전을 다룬 다큐멘터리를 시청한 적이 있습니다.

2차 세계대전 초창기에 독일을 상대하는 프랑스군 전략의 핵심은 '마지노선'이었습니다. 마지노선은 내부에 병영, 탄약고, 식당, 심지어는 철로까지 만들어 둔 엄청난 방어 요새입니다. 문제는 프랑스가 80만 명이 되는 훈련된 전투 병력을 가지고 있었음에도 그 병력을 다 마지노선 안에 배치해 처음부터 수동적인 방어 전략 중심으로 전쟁에 임했다는 사실입니다. 거기다가 이 엄청난 마지노선을 유지하느라 비행기나 기갑부대 같은 공격 무기들을 제대로 만들지 못했습니다.

결과는 끔찍했습니다.

전쟁이 발발하자, 독일군은 먼저 동쪽의 폴란드를 점령한 뒤 대규모 비행기들과 기갑부대를 동원해서 중립국 벨기에를 통해 마지노선을 우회하여 엄청난 속도로 프랑스 파리로 진격합니다. 단 몇 달 만에 프랑스는 수십만 병력을 잃고 항복하고 말았습니다.

많은 군사학자는 당시 프랑스군은 충분히 독일군과 필적할 만한 강한 군대였음에도 공격 모드가 아닌 방어 모드로만 일관한 것이 패착이었다고 입을 모읍니다.

그리고 독일군이 처음에 폴란드를 침공했을 때만 해도 아직 독일군 전략이 그렇게 강하지 않았다고 합니다. 만일 그때 프랑스가 재빠르게 독일군을 점령했더라면 2차 세계대전의 양상은 전혀 다르게 흘러갔을 수도 있습니다.

문제는 전략 프레임의 차이입니다. 독일군은 아예 처음부터 '동쪽으로는 폴란드', '서쪽으로 프랑스'라는 공격 목표를 잡고 전광석화같이 공격할 전략을 짜고 결의를 다지고 있었습니다.

반면 프랑스군은 처음부터 마지노선을 중심으로 방어해서 어떻게든 살아남겠다는 수동적인 전략을 세웠습니다. 이런 수동적인 방어 전략의 틀에 갇혀 있다 보니 80만이라는 엄청난 병력을 가지고도 꼼짝없이 독일군에게 허를 찔려 무너지고 말았습니다.[157]

우리의 왕이신 예수님은 처음부터 세상 한가운데로 복음을 들고 '가라'는 공격 명령을 내리셨습니다. 하늘과 땅의 모든 권세를 지원해 줄 테니 공격하라고 하십니다.

지상명령의 정신을 다시 회복해야 합니다. 즉 수비에서 공격으로 태세를 전환해야 합니다. 교회의 역량을 총집결하여 세상 한가운데로 적극적으로 복음을 들고 들어가서 전도하고 선교하는 것입니다. 이렇게 순종할 때 우리의 왕이신 예수님이 우리에게 힘을 주십니다.

"성도들이
교회 오는 길을
행복하게 해주 책!"

이 시대의 설교자 5인
인터뷰

• • • • •

현장 목회에서 건강하게 사역하고 청중에게 들리는 설교를 하는 설교
자들의 인터뷰를 소개한다. 각 설교자의 설교 전반에 관한 가르침을
통해 강단을 살리고 청중을 변화시키는 설교자로 도약할 기회가 되기
를 소망한다. 인터뷰 기사, 설교자의 저서, 강의 등을 통해 구성하였
다. 설교 및 예화에 관한 현장의 생생한 목소리를 들어보자.

"성령 설교가 변화를 가져온다"

"

권성수 목사는 숭실대학교 영어영문학과 졸업, 총신대학교 신학대학원 및 동대학원을 졸업하고, 미국 웨스트민스터신학교에서 성경해석학으로 박사학위를 취득했다. 총신대학교 신학대학원 신약학 교수와 대학원장, 총신대학교 목회신학전문대학원 교수로 사역하였다. 현재 대구동신교회 원로목사, 생명사역훈련원 원장으로 섬기고 있다. 저서로는 「성령 설교」(국제제자훈련원, 2009), 「고통의 은총」(토기장이, 2011), 「믿는 만큼 행동한다」(규장, 2015), 「엘리야: 그 능력의 비결」(도서출판 생명사역훈련원, 2019), 「성경 읽는 태도」(웨스트민스터 코리아, 2023)등을 비롯한 로마서, 요한계시록, 히브리서 강해와 주석 등 다수가 있다.

"

1. 목사님이 생각하시는 '좋은 설교자의 조건'은 무엇인가요?

설교는 복음에 합당하게 살고자 노력하는 설교자(빌 1:27)가 예수 그리스도의 복음을 성령의 능력으로 전해서, 생명(회심)의 변화와 생활(성화)의 변화를 끌어내는(살전 1:5-6) 커뮤니케이션입니다.

설교자는 십자가를 지고 예수님과 동행하며 살 것을 결단해야 합니다. 요한복음 15장의 포도나무 가지 비유에 주목해야 합니다. 우리가 포도나무 가지처럼 예수님께 붙어 있으면 열매를 맺을 수 있습니다. 그러나 포도나무 가지에 붙어 있지 않고 잎만 무성한 나무처럼 세상의 화려함만 추구하면 진정한 열매를 맺지 못합니다.

설교자는 늘 주님과 동행하며 설교를 준비해야 합니다. 많은 목회자가 토요일이 임박해서 설교 준비를 하는데, 이것은 성도에게 생쌀을 먹이는 것과 같습니다. 이런 설교는 소화가 되지 않습니다. 이것은 주일에 잠깐 듣고 날아가 버리는 '나비 설교'에 불과합니다. 설교자가 주님과 동행하는 설교 준비를 안 했기 때문에 나타나는 현상입니다. 설교자는 일주일 내내 설교를 준비해야 합니다.

복음의 뜨거운 열정으로 목회하고 설교하는 설교자가 되어야 합니다. 핵심은 주님과 동행하는 기도생활에 있다고 생각합니다. 설교자라면 자신의 영성을 스스로 체크하고 항상 하나님 앞에 무릎 꿇을 수 있는 기도시간을 따로 마련해야 합니다. 설교 원고를 쓰기 전에 기도하고 설교 원고 작성을 끝낸 후에도 기도하면서 성령의 인도하심을 받아야 합니다. 또한 책은 수시로 눈에 보이는 대로 읽어야 합니다. 이렇게 할 때 좋은 설교자가 될 수 있습니다.

2. '설교 전달'에 있어서 유의해야 할 부분은 무엇인가요?

설교자는 '베스트 커뮤니케이터'가 되어야 합니다.

첫째로 설교자의 '음성'이 청중들이 듣기에 거북하지 않아야 합니다.

지나치게 굵은 음성이거나 가는 음성은 설교 전달에 방해가 됩니다. 또 너무 강한 음성이거나 너무 약한 음성도 그렇습니다. 설교자는 음성의 고저 강약을 잘 활용해야 합니다. 강조할 때는 강하고 크게, 보통 때는 보통으로, 이야기를 전달할 때는 다소 약하고 낮게 물 흐르듯이 전달해야 합니다. 설교의 절정에 이를 때는 날카롭지 않게 하면서도 강하고, 금속성이 아니면서도 높게, 혼신의 힘을 기울여 강조해주어야 합니다.

둘째로 '템포'를 생각해야 합니다.

설교할 때 템포가 너무 빠르거나 느리면 청중이 불편을 느끼게 됩니다. 저 역시 젊은 시절에 설교 템포가 너무 빨라서 아내가 강단

에 올라가는 저를 보고 항상 "여보, 천천히"라고 부드럽게 환기시
켜주곤 했습니다.

세 번째로 '포즈'가 있습니다.

설교 중에 말을 그치고 쉬어야 할 경우가 있습니다. 한 문장이 끝
날 때 적절하게 쉬어서 설교자도 숨을 쉬고 청중도 숨을 쉬게 해
야 합니다. 한 문장을 끝내고 포즈 없이 다음 문장으로 넘어가면
청중은 설교자가 조금 전에 했던 말로부터 '도망친다'는 느낌을
받습니다. 포즈를 취할 때 설교자는 청중이 생각하고 의미 있는
반응을 보이도록 여유를 주어야 합니다. 특히 청중이 결단해야
할 경우 설교자가 질문을 던져 놓고 평소보다 더 길게 포즈를 취
하는 것이 좋습니다.

네 번째로 '제스처'입니다.

설교자가 제스처를 너무 사용하지 않고 꼿꼿이 서 있거나 제스처
를 너무 많이 사용해서 방방 뛸 경우 둘 다 설교를 방해합니다. 설
교자는 불필요한 동작을 반복해서 청중을 불편하게 하거나 청중
의 주의를 분산시키지 말아야 합니다.

다섯 번째로 '표정'입니다.

설교자의 표정이 너무 부드럽거나 너무 딱딱한 경우, 또 너무 여
유로운 표정을 짓거나 너무 경직된 표정은 전달에 방해가 됩니
다. 설교자가 경직되면 청중도 경직되고 설교자가 긴장하면 청중
도 긴장합니다. 설교자가 자연스러운 표정을 지으면 청중도 자연
스러운 표정을 짓게 됩니다.

마지막으로 '열정'이 중요합니다.

설교자는 열정적으로 설교해야 합니다. 설교자는 성령의 불을 토해야 합니다. 진리를 선포할 때 불을 토하기 위해서는 자신이 전하는 진리에 대한 확신이 있어야 합니다.

3. 현장 목회 강단에서 '예화'의 중요성에 대해서 말씀해주신다면?

예화가 없는 설교는 청중을 답답하게 하고 청중이 숨을 돌리지 못하게 합니다. 내용이 아무리 충실해도 예화가 없거나 적절하지 않을 때 청중은 숨을 쉬면서 설교를 들을 수가 없습니다. 성경은 진리 전달의 수단으로 이야기를 많이 활용하고 있습니다. 예수님도 비유 이야기를 많이 하셨습니다. 설교자는 성경의 다양한 장르를 최대한 활용하되 이야기도 많이 활용해야 합니다.

설교자는 적절한 예화를 통해서 본문의 진리를 전달해야 합니다. 물론 예화 사용에 주의가 필요합니다. 예화가 본문 설명이나 해설보다 더 많은 경우는 청중이 은혜를 못 받을 수가 있습니다. 성경의 진리보다 세상 이야기를 통해서 청중의 환심을 사겠다는 얄팍한 시도는 청중을 설교로부터 멀어지게 할 수도 있습니다.

4. 신학생과 후배 목회자들에게 설교와 관련해서 조언해주신다면?

성경은 성령의 감동으로 된 책이기 때문에 성령의 감동으로 설교해야 성경의 생명력이 살아납니다. 설교자가 '능력과 성령과 큰 확신'(살전 1:5)으로 설교해야 설교를 통한 변화를 일으킬 수 있습니다. 특히 체계적인 깊은 신학사상을 설교와 교육을 통해서 쉽고도 재미있게 전달하는 것이 중요합니다. 사람은 누구나 '생각의 틀'(신념, 가치관)에 따라 생각하고 말하고 행동합니다. '생각의 틀'에서 생각(지성)이 나오고, 생각에서 느낌(감성)이 나오고, 느낌에서 행동(의지)이 나옵니다. 행동에서 습관이 나오고, 습관에서 인격이 나오며, 인격에서 인생이 나옵니다.

설교자는 청중의 '생각의 틀'을 바꾸어주는 설교를 해야 합니다. 사람이 무슨 말을 듣거나 글을 읽을 때 그것이 '생각의 틀'이라는 체계에 들어가서 박히지 않으면 변화를 체험하지 못합니다. 들을 때뿐이고 읽을 때뿐입니다. 이런 의미에서 저는 신학사상 설교를 해야 한다는 확신이 있습니다. 어떤 주제를 설교하든 신학적인 사상체계에 따라 깊은 내용을 쉽고도 재미있게 전달해야 합니다.

설교자는 '성경'도 강조하고 '성령'도 강조하는 균형을 잡아야 합니다. 성경 쪽으로만 치우치는 설교자는 냉랭하고 성령 쪽으로만 치우치는 설교자는 얄팍합니다. 성경(Bible)을 풀어서(Exposition) 성령(Spirit)으로 변화(Transformation)시키는 설교, 영어 첫 글자만 따서 BEST 설교, 즉 '성령 설교'를 해야 합니다.

많은 목회자가 목회가 힘들다고 말합니다. 이제 부흥은 없다고, 목회는 안 된다고 말합니다. 결코 그렇지 않습니다. 성부 하나님께서는 지금도 우리를 통치하시고, 부활하신 예수께서는 교회를 형성케 하시며, 성령 하나님께서 교회가 지속적인 사명을 감당하도록 역사하십니다. 우리에게 주어진 사명이 있습니다. 예수님께서 재림하시기 전까지 우리는 그 사명을 청지기와 같이 신실하게 감당해야 합니다. 생명사역을 할 때 예수께서 친히 앞장서 일하실 것입니다. 왜냐하면 생명사역은 예수님께서 하신 사역이고 예수님께서 원하시는 사역이기 때문입니다.

"설교보다 설교자가 중요하다"

류응렬 목사는 한국외국어대학교를 졸업하고, 총신대 신학대학원에서 목회학 석사(M.Div.), 미국 고든콘웰신학교에서 성경신학으로 석사(Th.M.), 남침례신학교에서 설교학으로 박사(Ph.D.) 학위를 받았다. 총신대학교에서 10년 가까이 설교학을 가르쳤으며, 2013년부터 미국 와싱턴중앙장로교회(KCPC)의 담임목사로 섬기고 있다.

저서로는 「열 단계 설교 작성법에 따른 에베소서 설교하기」(두란노 아카데미, 2010), 「창세기 강해」(성서유니온, 2013), 「납작 엎드리기」(두란노, 2022), 「세상을 움직인 설교자와 설교」(두란노, 2023) 등이 있다.

1. 목사님이 생각하시는 '좋은 설교자의 조건' 은 무엇인가요?

좋은 설교자라면 두 가지는 갖춰야 할 것 같아요.

첫째, 위로는 하나님을 향한 진실한 믿음과 하나님 말씀에 대한 경외감이 있어야 합니다. 설교학적으로 말하면 하나님의 말씀을 바르게 믿고 풀어내는 것입니다.

둘째, 옆으로는 청중을 향한 목자의 심정, 곧 어떤 말씀이라도 청중에게 들려질 수 있도록 하는 것입니다.

밥을 지어도 레스토랑의 셰프는 맛이 가장 큰 목적이고, 밥을 짓는 어머니는 맛도 맛이지만 자녀에 대한 풍성한 사랑이 목적일 것입니다. 이게 셰프와는 다른 어머니의 마음, 곧 목자의 심정이지요. 이처럼 위로는 하나님을 경외하는 믿음으로 진리의 말씀을 바르게 풀어내려는 자세가 필요하고, 옆으로는 맡겨진 양 떼에게 가장 필요한 말씀을 적절하게 준비해서 맛있게 먹이려는 목자의 심정이 필요할 것입니다. 이 두 가지가 좋은 설교자의 필수조건이라고 생각됩니다.

설교는 하나님의 말씀을 통해 영혼을 변화시키는 거룩한 일입니다. 설교의 궁극적인 목적은 변화라고 생각합니다. 두 가지 변화인데 믿지 않는 사람은 구원의 복음을 듣고 믿음에 이르는 변화이고, 믿는 사람은 복음으로 인한 거룩한 삶의 변화, 즉 성화이겠지요. 우리가 바라는 회중의 변화라는 것은 진리의 말씀에 근거한 변화입니다. 따라서 하나님의 말씀을 정직하게 드러내도록 해야 합니다.

다시 말씀드리지만 진리에 대한 열정은 강단에서 하나님의 말씀을 쏟아내게 만들고 영혼을 향한 주님의 마음은 목자적 설교가 가능하게 합니다.

2. '설교 전달'에 있어서 유의해야 할 부분은 무엇인가요?

설교 전달은 청중에게 가장 잘 들리고 가슴에 새겨지도록 하는 일입니다. 설교 전달은 목회자의 말씀 확신에서 시작합니다. 진리의 말씀에 대한 분명한 확신이 없는 설교는 자칫 강연이 될 수 있습니다. 말씀에 대한 기쁨과 감격은 설교자의 표정과 자세에서도 드러납니다. 설교 전달에서 유념해야 하는 것은 청중을 위해 설교한다는 점입니다. 설교자는 하늘의 음성을 들어야 하는 해설가, 즉 말씀에 대한 주해자로서의 역할이 있는 동시에 땅 위에서 청중을 향한 목자로 부름받은 자들입니다.

전달의 측면에서 청중을 바르게 이해하고 들리는 설교를 해야 합니다. 따라서 청중에게 들리는 설교를 하기 위해서 끊임없이 노력해야 합니다. 눈에 보이는 언어, 짧은 문장을 사용하고, 개념적이고 막연한 표현은 피하며, 쉽게 이해되도록 설교를 작성해야 합니다.

또 설교자는 설교 준비과정에서는 원고를 봐야 한다고 생각하니다. 그러나 설교 강단에 서서는 청중의 눈을 보며 설교해야 합니다. 그러기 위해서는 설교자의 머리에 설교가 그림처럼 그려져야 합니다. 횡설수설하지 않도록 충분한 준비가 필요합니다. 미리 원고에 색깔 펜을 사용해 성경 구절과 강조할 부분, 예화 등을 눈에 띄게 표시해 둡니다. 되도록 문장은 길게 늘여 쓰지 않고, 운율에 맞추어 호흡을 달리해서 청중의 귀에 적절히 들리고, 마음에 닿을 수 있도록 전달해야 합니다.

3. 현장 목회 강단에서 '예화' 의 중요성에 대해서 말씀해주신다면?

신학공부를 처음하거나 설교경험이 적을 때는 예화에 대한 중요성을 충분히 느끼지 못할 수 있습니다. '설교의 목적은 하나님의 말씀을 신실하게 전하는 것인데 꼭 예화가 필요할까?' 라고 생각할 수 있습니다. 그러나 목회현장을 경험할수록 더욱 절실하게 깨닫는 것이 예화와 적용의 필요성입니다. 목회적인 마음이 깊을수록 본문에 관한 관심만큼이나 청중에 관한 관심과 배려도 깊어집니다. '무엇을' 전할 것인가 만큼 '어떻게' 가장 쉽고도 호소력 있게 전할 것인가의 관심도 늘어납니다.

본문을 드러내는 다양한 방법 가운데 예화는 가장 실감 나게 눈에 보이게 본문을 체험하게 합니다. 예화는 중요한 내용을 강조할 때마다 본문 설명 후에 바로 사용하는 것이 좋습니다. 예화의 사용 횟수는 예화의 길이에 따라 다르지만 일반적으로 본문 설명과 예화의 적용을 균형 있게 배분하는 것이 좋습니다. 설교의 서론과 결론을 맺을 때 예화를 사용하는 것도 효과적입니다. 서론의 예화는 본문을 향해 마음을 열어줄 것이며, 결론에서의 예화는 모든 말씀을 정리하면서 감동을 남기는 동시에 삶으로 적용하게 할 수 있습니다.

복음은 예화 없이도 전달될 수 있지만 적절한 예화는 복음을 훨씬 더 명쾌하게 이해시키는 데 도움을 줄 수 있습니다. 설교에서 청중의 관심을 사로잡고 진리를 가슴에 남기기를 원한다면 예화에 관심을 가지고 설교자의 눈으로 삶을 살펴보시기 바랍니다. 삶 속에서 발견한 예화를 함께 나눌 때 청중의 관심이 새로워지고 말씀을 이해하는 눈빛에 변화를 느낄 것입니다.

4. 신학생과 후배 목회자들에게 설교와 관련해서 조언해주신다면?

한 편의 설교보다 중요한 것은 한 사람의 설교자입니다. 설교자보다 더 중요한 것은 예수님의 마음을 품은 한 사람의 목자입니다. 설교를 못 하는 목사가 아니라 올바르게 살아내지 못하는 목사가 지탄받는 세상입니다. 그러므로 설교를 잘하기 위해 노력하되 그보다 앞서 목자 됨에 대해 깊이 고민하고, 좋은 신앙인, 부끄럽지 않은 목자가 되기 위해 애써야 합니다.

더불어 좋은 목자와 직결되는 것이 양 떼입니다. 설교사역을 위해서 가장 많은 시간을 할애해야 하는 것은 맞지만 목자로서의 삶이 들어 있는 설교를 했으면 좋겠어요. 설교자는 자녀의 아픔과 상황을 아는 어머니의 심정으로 말씀을 대하고 필요한 음식을 만들어야 합니다. 한 번 살아가는 땅 위의 인생에 가장 영광스러운 일이라면 하나님의 부름받아 말씀의 종으로 살아가는 일이라고 생각합니다.

설교가 살아나야 교회가 살아납니다. 아무리 세상이 바뀌고 세월이 흘러도 사람을 변화시키는 것은 하나님의 생명의 말씀입니다. 말씀을 바르게 깨닫기 위해 다양한 책을 가까이하고, 주님께서 계시의 영을 더해 주시도록 치열하게 기도하라고 부탁하고 싶습니다.

무엇을 전할 것인지, 왜 전해야 하는지, 어떻게 전할 것인지 늘 생각하면서 하루를 보낸다면 매일의 삶이 설교자에게는 설교 준비가 될 것입니다. 한 편의 설교를 위해 생명을 던지는 마음으로 마지막 설교처럼 준비한다면 듣는 사람마다 변화의 역사가 일어날 것이고, 교회마다 놀라운 부흥을 경험하게 될 것입니다.

"설교자는 오직 설교로 말한다"

> 김서택 목사는 서울대학교 공대 졸업, 서울대학교 대학원 경영학과를 수료하고, 총신대학교 신학대학원(M.Div) 졸업, 총신대학교 대학원 (Th.M)을 수료했다. 서울 제자들교회를 개척하고 10년간 담임목회 사역을 하였고, 2000년부터 대구동부교회 담임목사로 사역 중에 있다. 저서로는 「건축술로서의 강해설교」(홍성사, 2000), 「강해설교의 기초」(홍성사, 2001), 「이야기 교리산책」(총회출판국, 2010), 「크리스천 생존」(이레서원, 2017), 「시편 강해 1」(이레서원, 2018) 외 성경 전권 강해서 등이 있다.

1. 목사님이 생각하시는 '좋은 설교자의 조건' 은 무엇인가요?

설교자의 자질을 말할 때 첫째, 인격이 중요합니다. 설교자는 정 직해야 합니다. 영혼의 세계는 눈에 보이지 않기 때문에 목사가 무슨 말을 해도 확인할 길이 없습니다. 눈에 보이지 않는 영혼의 세계일수록 자기 멋대로 가르치면 안 되고 성경에 철저해야 하며 충실해야 합니다. 그리고 도덕성이 중요하지요.

둘째, 지적인 통찰력이 있어야 합니다. 지적인 능력이 구비되어 있지 않아서 성도들을 제대로 가르치지 못하는 목회자들을 보게 됩니다. 목사는 자기 생각을 교인들에게 심어주는 사람이 아니 라 말씀으로 지도하고 인도하는 영적인 코치와 같습니다. 성경 을 통해 성도들의 삶의 면면을 꿰뚫어 볼 수 있는 통찰력이 필요 합니다.

셋째, 설교자는 자신의 생활을 주님께 맡기는 훈련이 되어 있어 야 합니다.

넷째, 철저한 장인정신이 필요합니다. 훌륭한 도자기를 빚는 장 인이 되려면 긴 시간의 준비와 훈련이 필요한 것처럼 좋은 설교자 가 되려면 성경을 붙들고 씨름하는 시간이 필요합니다. 그리고 신 학을 공부하는 동안 신학 전체를 골고루 잘 공부해야 합니다. 또 한 중요한 복음주의자들의 책을 읽어야 합니다. 성경을 정확하게 해석하고 적용하는 데 도움이 되는 강해서들도 읽어야 합니다. 성 경 신학분야는 최근의 동향까지 소상하게 알 필요가 있습니다.

마지막으로, 설교자에게 가장 필요한 자질은 사람의 영혼을 다루는 일에 요구되는 진지함과 진실함이라 생각합니다. 사람의 영혼을 다루는 것은 이 세상에서 가장 엄숙하고 어려운 일입니다. 진지하고 신중한 자세를 갖추어야 합니다.

2. '설교 전달'에 있어서 유의해야 할 부분은 무엇인가요?

아무리 좋은 설교라 하더라도 교인들이 알아듣지 못한다거나 감동받지 않으면 설교 효과는 떨어질 수밖에 없습니다. 설교자는 자신의 설교에 대해 다음과 같은 사항을 점검해보아야 합니다.

첫째, 이 설교는 '간단명료한가?' 복잡한 설교는 교인들이 알아듣기 어렵습니다. 설교 전체의 내용이 설교자의 머릿속에 일목요연하게 정리되어 있어야 합니다. 설교하기 전에 이 설교에서 어떤 내용을 설교할 것인지가 설교자의 머리에 명확하게 그려져 있어야 합니다.

둘째, 이 설교는 '은혜로운가?' 지금 설교하려는 내용이 먼저 설교자 자신에게 은혜가 되어야 합니다. 설교자가 자기가 준비한 설교에 먼저 마음이 녹아지고 회개의 눈물을 흘리고 감동할 수 있을 때 교인들도 그 설교에 감동할 가능성이 큽니다.

셋째, 이 설교는 '재미있는가?' 설교는 재미있어야 합니다. 왜냐하면 설교는 언어를 매개로 전달되는 것이기 때문에 집중할 수 없으면 흥미를 잃게 됩니다. 설교하되 마치 텔레비전 화면을 보는 것처럼 생동감 있게 전할 수 있어야 합니다.

넷째, 이 설교에 대한 '확신이 있는가?' 설교자가 자기가 설교할 내용에 확신이 없으면 그 설교는 설교가 아니라 강의나 변명에 불과할 뿐입니다. 요즘은 교인들이 배울 만큼 배운 데다가 나름대로 사회에서 제 몫을 충분히 하는 사람들이 많습니다. 어떻게 그런 사람들 앞에서 당당하게 설교를 할 수 있겠습니까? 오직 하나, 이 말씀이 하나님께서 설교자인 나에게 주신 말씀이라는 확신이 있을 때 가능합니다.

다섯째, 설교의 '비언어적 요소'입니다. 설교는 언어를 수단으로 이루어지지만 언어 외적인 요인이 은혜를 받는 데 더 중요할 수 있습니다. 그중 가장 중요한 것이 성령의 활동입니다. 성령의 내적인 깨우침과 감동이 없으면 그 설교는 사람의 마음을 전혀 움직이지 못할 것입니다. 그래서 설교자는 설교를 준비하는 일에 많은 기도가 필요합니다.

3. 현장 목회 강단에서 '예화'의 중요성에 대해서 말씀해주신다면?

설교에 예화를 사용하는 것은 대단히 중요합니다. 설교에서 예화의 용도는 다음과 같습니다.

첫째, 예화는 설교의 서론으로 설교의 방향을 제시합니다.

둘째, 어려운 성경 본문을 쉽게 해석하여 본문의 뜻을 이해하는

데 도움을 줍니다.

셋째, 적용의 구체적인 예를 제시함으로써 누구나 공감할 수 있게 하는 매개체로 사용됩니다.

넷째, 낙심하거나 침체된 성도에게 자신도 할 수 있다는 자신감을 불어넣는 데 도움을 줍니다.

다섯째, 설교를 감동적으로 끌어올려서 성도들이 은혜받고 마음 문을 열게 하는 방편으로 사용됩니다.

그런데도 설교자가 기억해야 할 것은 설교는 성경을 가르치기 위한 것이지, 예화를 알려주기 위한 것이 아니라는 사실입니다.

설교 예화는 지나치게 자극적인 것보다 생활 주변에서 경험할 수 있는 자연스러운 것이 좋습니다. 잘 모르는 교인들을 새로 만나 설교해야 할 경우 서로 공감하는 부분이 적기 때문에 예화를 통해 서로 마음 문을 열고 공감할 수 있으면 설교가 큰 은혜가 될 것입니다.

4. 신학생과 후배 목회자들에게 설교와 관련해서 조언해주신다면?

내가 지금 어떤 교회에서 설교하느냐 하는 것보다 바른 말씀이 선포되고 있느냐 하는 것을 먼저 생각해야 합니다. 교회가 도시 교회든 시골 농촌 교회든, 대형 교회든 작은 개척 교회든 간에 하나님의 바른 말씀이 선포되는 교회가 되어야 합니다.

목회자가 해야 할 중요한 사명은 성경 전체를 설교하는 것입니다. 지금까지 목회의 성공을 위해서 설교나 성경 공부를 수단으로 생각했다면 이 생각을 버리고, 성경 전체를 설교하고 가르치는 일 자체를 목회의 목적으로 삼아야 합니다. 그렇게 할 때 교회가 교회다워지고, 기도가 응답되며, 교회가 세상 사람들의 존경을 받으며, 부흥과 기적이 계속 일어나게 됩니다.

오늘날 교회 문제의 대부분은 목회자의 자질에 달려 있다고 생각합니다. 특히 그중에서도 성경을 해석하고 설교를 할 수 있는 능력에 문제가 있습니다. 목회자는 자기가 맡은 교회에서 부지런히 성경을 연구해서 교인들에게 말씀을 먹여야 합니다. 탁월한 설교자는 하늘에서 떨어지지 않습니다. 하나님의 말씀을 붙들고 장시간 씨름하는 가운데 탁월한 설교자로 성장할 수 있습니다.

뛰어난 설교자가 되기 위해 가장 중요한 방법은 직접 부딪쳐보는 것입니다. 설교자에게 설교할 수 있는 구체적인 장(field)이 있다는 것은 대단히 중요합니다. 설교자는 실제로 자기가 맡은 교회나 부서에서 설교함으로써 자라게 됩니다.

설교자는 오직 설교로 말하게 되어 있습니다. 설교자에게 가장 복된 시간은 내가 지금 바른 하나님의 말씀을 선포하고 있으며 그것이 교인들에게 '아멘'으로 받아들여질 때입니다. 말씀을 들은 한 사람 한 사람이 확실하게 하나님의 백성들로 만들어질 때 이들을 통해 부흥의 역사가 일어날 것입니다.

"성경에 충실한 설교를 하라"

"

이규현 목사는 총신대학교 신학대학원을 졸업하고, 호주 시드니 새순장로교회를 개척하여 약 20년간 사역했다. 현재는 아시아언어문화연구소(아릴락, Asia Research Institute of Language And Culture) 이사장으로, 부산 수영로교회 담임목사로 섬기고 있다.

저서로는 「흘러넘치게 하라」(두란노, 2012), 「영권 회복」(2014), 「기도, 가장 위대한 일」(두란노, 2016), 「묵상의 사람」(두란노, 2018), 「목회를 말하다」(두란노, 2019), 「설교를 말하다」(두란노, 2020) 외 다수가 있다.

"

1. 목사님이 생각하시는 '좋은 설교자의 조건'은 무엇인가요?

설교자는 먼저, 성경 말씀에 대한 집중력이 있어야 합니다. 설교자에게 있어서 가장 큰 숙제는 바로 '성경을 어떻게 이야기할 것인가' 입니다. 내가 하고 싶은 이야기를 성경을 가지고 할 것인가, 아니면 성경이 말하고자 하는 바를 내가 이야기할 것인가? 말씀을 벗어나서 설교를 잘하는 방법은 없습니다. 얼마나 말씀 안으로 깊이 들어가느냐, 얼마나 정확하게 본문을 이해했느냐에 따라 설교의 깊이가 달라집니다. 말씀에 승부를 걸어야 합니다. 가장 강력한 설득은 정확한 말씀 주해에서 시작됩니다. 본문에 집중하지 않는 설교는 힘이 없습니다. 자꾸 설교시간에 자신의 이야기를 하는 것에 훈련된 목사들이 있는데 아주 위험한 일입니다.

다음으로, 어떤 설교를 하느냐에 앞서 설교자는 '설교의 대상'을 생각해야 합니다. 누구에게 설교해야 합니까? 설교자는 인간을 이해해야 합니다. 그리고 시대와 그 시대를 살아가는 교인을 이해해야 합니다. 청중이란 곧 교인입니다. 교인들을 주의 깊게 살피는 일이 설교에 있어 매우 중요한 과정입니다. 설교자는 성도들을 표면적으로만 이해할 것이 아니라 내면을 깊게 들여다보고 이해하려고 노력해야 합니다. 교인들이 최근 무엇에 관심이 있는지, 또 가장 큰 고민이 무엇인지, 그들이 무엇을 두려워하는지 주의 깊게 들어야 합니다. 설교자는 성도의 말에 귀를 기울이는 청진기가 되어야 합니다. 청진기로 환자의 소리를 듣지 않고는 진단을 내릴 수 없는 것처럼 제대로 듣지 않으면 설교가 일방적일 수밖에 없습니다. 그러면 교인들과의 소통이 끊어지고 설교는 허공을 치게 됩니다.

설교자는 지금 청중이 어떤 시대를 살아가고 있는지 분명히 알고 하나님의 말씀으로 바른길을 제시해야 합니다. 진리를 통해 이 시대가 묻고 있는 질문에 답을 해야 합니다. 진리와 복음을 시대 속에서 타협하지 않고 선포하는 설교자가 되어야 합니다.

설교의 궁극적인 목적은 참된 복음의 진리가 제대로 전달되어 그 말씀으로 사람들의 영혼이 변화되는 것입니다. 이 변화는 결국 신앙의 성숙으로 이어집니다. 그렇기에 저는 사람들 안에 진정한 변화가 일어나는가에 깊은 관심을 가집니다. 복음의 진리는 사람들 안에서 미미한 변화가 아니라 확실한 변화를 일으킨다는 것을 목회에서 많이 경험했습니다. 이런 점에서 담임목사의 설교는 성도들의 영혼을 말씀으로 돌보는 것이라고 생각합니다. 오직 말씀으로 성도들을 돌볼 때 성도들에게 진정한 변화가 일어나고 성장하며 교회가 세워집니다.

2. '설교 전달'에 있어서 유의해야 할 부분은 무엇인가요?

설교 전달에 있어서 설교자의 태도가 중요합니다.

첫째, 설교자에게는 아버지의 마음이 있어야 합니다.

이것은 긍휼입니다. 목회자의 기본은 사랑입니다.

둘째, 겸손해야 합니다.

목사가 청중을 무시하는 듯한 말투나 태도로 지식을 자랑하고 가르치려 들면 전달이 되지 않습니다.

셋째, 온유해야 합니다.

명령조로 거친 말을 하면서 노기를 드러내면 안 됩니다. 물론 책망은 필요합니다. 그러나 영적 권위 안에서 해야지, 잔소리가 되면 안 됩니다.

넷째, 열정이 있어야 합니다.

소리친다고 열정이 있는 것이 아닙니다. 설교에는 불이 있어야 합니다. 불이 없으면 식은 죽과 같습니다.

다섯째, 친근함으로 다가가야 합니다.

설교할 때 표정도 부담스럽지 않게 안정적으로 다가가야 합니다. 얼굴에 잔잔한 미소가 있는 것이 좋습니다. 저는 설교를 무겁지 않게 하려고 애쓰는 편입니다. 웃음을 의도하지는 않지만 성도들의 긴장을 풀어주기 위해 가끔 웃을 거리를 던지기도 합니다.

여섯째, 진실해야 합니다.

끌리는 설교에는 진실성이 있습니다. 진실성이 있는 설교가 설득력이 있습니다.

마지막으로, 담대하게 설교해야 합니다.

설교자는 강단에서 주눅이 들면 안 됩니다. 청중에 연연하면 안 됩니다. 하나님의 말씀의 대언자로서 담대함을 가져야 합니다.

3. 현장 목회 강단에서 '예화'의 중요성에 대해서 말씀해주신다면?

예화는 집의 창문과 같습니다. 창문이 하는 역할이 있습니다. 그런데 집 안에 창문이 너무 많으면 안 됩니다. 창문은 적당해야 합니다. 마찬가지로 설교에서 예화는 적당해야 합니다. 예화로만 설교를 채우려 하고, 또 자기 이야기를 많이 하는 설교자들이 있는데, 이것은 지양되어야 한다고 생각합니다. 저는 설교에서 예화를 의도적으로 사용하는 경우가 별로 없습니다. 저는 성경 본문을 가지고 설교를 전개하는 것에 집중하는 스타일입니다. 본문을 말하기에도 부족한데 예화가 들어가면 시간이 더 부족하게 됩니다.

예화는 성경 본문 안에서 자연스럽게 매칭되는 것이 좋습니다. 예화 사용에 있어서 자연스러움이 중요하고 본문을 잘 드러내는 예화가 필요합니다. 청중의 마음을 따뜻하게 하는 좋은 예화는 필요합니다. 이런 면에서 이동원 목사님이 예화 사용을 잘하시는 것 같습니다.

4. 신학생과 후배 목회자들에게 설교와 관련해서 조언해주신다면?

설교자의 묵상 세계가 중요하다고 말씀드리고 싶습니다. 묵상의 깊이가 설교를 결정하는 것입니다. 묵상이 없으니까 설교가 요리되지 않은 날 것이 되고, 개념 덩어리가 되며, 지식적인 전달이 되는 것입니다.

설교자는 고독한 시간을 많이 가져야 합니다. 설교 한 편을 만들 어내기 위해 굉장히 오랫동안 홀로 작업해야 합니다. 고독을 받아들이고 고독을 즐기고 고독을 친구로 삼아야 합니다. 고독의 시간, 골방에서의 시간을 이겨내지 못하면 청중을 움직이는 설교를 할 수가 없습니다. 제가 부교역자들에게 하는 말이 있습니다. "목회는 엉덩이로 한다."

설교자는 말씀을 대언하는 자로서 여러 가지를 갖출 필요가 있습니다.

첫째, '전문성'이 있어야 합니다.

요즘은 어느 분야든지 전문성이 공격받는 시대입니다. 목사들도 방심해서는 안 됩니다.

둘째, '도덕성'이 있어야 합니다.

설교는 들려지는 것이지만 보이는 것이기도 합니다. 목사는 말씀을 살아내는 사람입니다. 메신저의 삶과 메시지가 일치되도록 노력해야 합니다.

셋째, '영성 관리'를 위해 애써야 합니다.

사실 목사 자신의 영성을 돌보는 일은 목양보다 어렵습니다. 설교자의 영성은 곧 말씀과 기도에서 나옵니다. 설교자는 사역자이면서 동시에 영성가여야 합니다. 빈약한 영성으로 깊은 설교를 할 수 없습니다. 영성의 우물을 파야 합니다.

넷째, '지성'이 필요합니다.

설교는 영성의 문제이면서 동시에 지적인 작업입니다. 지성을 기르기 위해서 독서력이 뒷받침되어야 합니다. 목사가 어떤 책을 보는가에 따라 설교의 경계선이 정해집니다. 다른 지출은 줄이고 책을 사 모으며 책을 읽어야 합니다. 설교는 깊이의 싸움입니다.

마지막으로, '감성'을 채워야 합니다.

목회자의 삶 자체가 건조해지기 쉽습니다. 성도들이 말씀에 공감할 수 있도록 감성적 작업이 중요합니다. 감성이 죽지 않도록 해야 합니다. 목회자는 설교를 통해 한 영혼을 변화시키고 성도들을 행복하게 만들어 행복한 교회를 세워야 합니다.

"깊지만 들리는 설교를 해야 한다"

> 채경락 목사는 서울대학교를 졸업하고, 고려신학대학원에서 목회학 석사를 마친 후 미국 칼빈신학교와 남침례신학교에서 설교학(Ph.D.)을 전공했다. 고신대학교 설교학 교수를 역임하였고, 2019년 7월부터 샘물교회 담임목사로 섬기고 있다.
>
> 저서로는 「퇴고 설교학」(성서유니온선교회, 2012), 「쉬운 설교」(생명의양식, 2015), 「설교자들이 알아야 할 절기와 상황 설교」(생명의양식, 2016), 「삶에서 은혜받는 사도신경」(생명의양식, 2018), 「쉬운 로마서 1」(담북, 2020) 등이 있다.

1. 목사님이 생각하시는 '좋은 설교자의 조건' 은 무엇인가요?

설교자에게 정직이라는 자질이 중요하다고 생각합니다. 탁월함도, 신실함도 좋지만 제일 먼저 떠오르는 생각은 정직입니다. 성경을 읽을 때 정직하게 읽어야 하고 설교할 때도 진솔하게 해야 한다고 생각합니다. 성경에서 이해가 안 되는 부분은 정직하게 이해가 안 된다고 말할 수 있어야 하고 모르는 것은 모른다고 말할 수 있어야 합니다. 물론 게으름에 대한 핑계가 되어서는 안 되지만 정직함을 잃으면 설교가 탁해질 수밖에 없습니다.

설교의 힘은 설교자를 넘어 성령님의 역사에 달려 있습니다. 그런데 아나니아와 삽비라처럼 거짓말하는 사람에게는 성령님께서 역사하시지 않습니다. 그런 면에서 표절 설교는 아무리 청산유수처럼 나와도 성령님의 역사를 일으킬 수 없고 엄밀한 의미에서 설교라 부르기 어렵다고 생각합니다. 성령님은 말씀의 영으로서 설교를 통해 역사하십니다. 물론 설교 준비과정 자체도 성령님께서 주도해주시지만 성도들의 가슴에 새겨진 설교 말씀을 통해 주께서 역사하십니다.

그런 점에서 들리지 않는 설교, 기억되지 않는 설교는 매우 아쉽고 안타까운 설교라고 생각합니다. 들리지 않는 설교는 길가에 뿌려진 씨앗과 같고 기억되지 않는 설교는 돌밭에 던져진 씨앗과도 같습니다. 설교자의 입을 떠났지만 청중의 마음에 새겨지지 않는다면 말씀을 통한 성령님의 역사를 기대하기 어렵기 때문입니다.

너무 어려운 설교도 아쉽기는 마찬가집니다. 과도한 신학적 깊이는 오히려 설교의 파워를 감소시킬 수 있습니다. 이를 위해 설교는 주해를 넘어 묵상을 관통해야 한다고 생각합니다. 성경적인 메시지를 선포하는 것은 설교의 기본입니다. 그런데 주해에 머무는 설교는 온전한 설교라고 부르기 어렵습니다. 성도들의 삶을 이해하는 적용 과정이 있어야 하고, 이를 표현하는 선명한 언어, 메시지를 담아내는 담백한 구조화 작업이 꼭 이루어져야 합니다.

2. '설교 전달'에 있어서 유의해야 할 부분은 무엇인가요?

저는 쉬운 설교를 지향합니다. 쉬운 설교는 깊지만 들리는 설교, 성경적이면서도 청중의 마음에 새겨지는 설교입니다. 성경 메시지의 무게감을 그대로 살리면서도 표현과 전달에 있어서 쉽고 선명해야 한다는 뜻에서 쉬운 설교입니다. 사실 설교를 '쉽게' 하기는 결코 쉽지 않습니다. 설교자가 땀을 많이 흘려야 쉬워집니다. 쉬운 설교가 지향하는 바는 본문에 기초한 선명한 주제, 전략적인 구조, 충성된 예화, 잘 들리는 말입니다.

잘 들리는 말을 위해서 여러 가지를 생각할 수 있지만 완급 조절에 대해 말씀드리고 싶습니다. 지루함이 아쉬운 설교를 낳는다면 그 배후에는 단조로움이 있습니다. 단조로움이 지루함을 낳고, 지루함은 졸음을 낳고, 졸음은 때로 설교 자체를 불가능하게 만듭니다. 완급 조절은 목소리의 크기 조절과 더불어 설교의 단조로움을 물리치는 근본 처방입니다. 때로는 잠시 침묵하기도 해야 합니다. 적절한 침묵은 고함보다 더 큰소리를 발합니다.

설교할 때 단도직입적으로 말해야 할 때가 있습니다. 거칠게 말하거나 거슬리게 말하라는 것이 아니고 예의를 갖추고 고상함을 잃지 않되 해야 할 말을 해야 합니다. 단순하고 담대하게 선포해야 합니다.

청중은 설교자의 메시지만을 듣지 않습니다. 메시지와 더불어 설교자를 듣고, 설교자의 논리와 함께 설교자의 열정을 듣습니다. 열정으로 청중의 마음을 열고 열정으로 청중의 마음에 메시지를 새겨야 합니다. 그렇다고 껍데기뿐인 싸구려 열정, 단지 흥분된 열정, 연기되고 훈련된 열정이 아니라 진실하고 자연스러운 열정을 추구해야 합니다. 전하려는 메시지에 대한 확신과 전하는 대상에 대한 사랑이 있는지 점검하고 열정 있는 설교자가 되기를 바랍니다.

3. 현장 목회 강단에서 '예화'의 중요성에 대해서 말씀해주신다면?

예화를 금기시하지 말고 예화를 사용하기를 바랍니다. 예화를 거부하는 것은 커뮤니케이션 원리에도 부합하지 않습니다. 그러나 예화는 주인을 향한 충성스러운 종이 되어야 합니다. 예화의 충성은 메시지를 명확하게 드러내는 것입니다. 적절한 밝기로 주인인 메시지를 가장 선명하게 드러내는 예화가 좋은 예화, 즉 충성된 예화입니다. 메시지를 드러내지 못할 정도로 밋밋해서도 안되지만 신부보다 예쁜 들러리처럼 예화가 메시지보다 더 돋보여도 곤란합니다. 예화는 자신을 드러내는 것이 아니라 메시지를 드러내는 사명 받은 종입니다.

예화 사용과 관련해서 예화의 개수, 길이, 강도, 이 모든 것이 적당해야 합니다. 적당한 수의 예화는 메시지 전달의 효율을 높여주지만 지나치게 많은 예화는 오히려 설교에 부담을 줍니다. 예화가 너무 길어서 본 메시지보다 예화가 터줏대감 노릇을 하게 해서는 곤란합니다. 무조건 감동적인 예화가 좋은 예화는 아닙니다. 전하는 메시지의 감동 이상으로 지나치게 눈물샘을 자극하는 예화는 어쩌면 이름 그대로 '주제넘은' 예화입니다. 전하려는 메시지의 방향성과 더불어 그 감동의 깊이까지 메시지에 적절하게 조율된 예화를 추구해야 합니다.

4. 신학생과 후배 목회자들에게 설교와 관련해서 조언해주신다면?

먼저, 성경적이면서도 청중의 마음에 새겨지는 설교를 해야 합니다. 이것을 위해 무엇보다 주제가 선명해야 합니다. 선명한 주제야말로 설교의 씨앗입니다. 설교 주제, 즉 설교를 요약하는 한 문장이 설교자의 가슴에 새겨지지 않은 메시지가 성도들의 가슴에 새겨질 가능성은 거의 없다고 봅니다.

한 편의 설교가 담아낼 메시지의 양을 가능한 줄이라고 말하고 싶습니다. 본문 전체를 선포하려 하지 말고, 본문에서 얻은 하나의 메시지에 초점을 맞추어야 합니다. 여기에서 하나라는 것은 메시지의 수가 아니라 통일성입니다. 원포인트 설교라면 한 문장 메시지가 될 것이고 3대지 설교라면 대지를 총괄하는 중심 이슈가 됩니다. 중심 이슈, 또는 중심 메시지에 집중할 때 오히려 본문 전체가 살아나고 선명한 메시지가 가능합니다.

다음으로, 설교를 위해 준비를 잘하되 성령님께 맡기는 믿음이 필요합니다. 제가 세운 원칙은 최선을 다해 준비하되 조금 부족하더라도 믿음으로 나아간다는 것입니다. 설교의 힘은 설교자의 준비와 더불어 성령님의 역사에 달려 있다고 믿습니다. 최선을 다하되 인간 설교자의 부족함을 겸허히 인정하는 것도 지혜라고 생각합니다.

에필로그

설교가 살아야 교회가 산다

"목사님, 설교에 관련된 주제가 많은데, 왜 하필 예화인가요?"

이 질문에 설교자의 정체성을 떠올렸습니다. 설교자는 하나님과 청중을 말씀으로 연결하는 다리입니다. 설교자는 생명의 말씀을 청중에게 먹이는 거룩한 사명을 위해 존재합니다. 목회하면서 가장 영광스러운 것이 설교이고, 동시에 가장 힘든 것이 설교가 아닐까 싶습니다.[163] 설교 자체만이 아니라 설교한 대로 살아가는 것도 만만치가 않습니다. 하나님의 은혜가 더욱 필요합니다. 설교를 처음 시작하는 초보 설교자이든 숙련된 설교자이든 간에 같은 심정일 것이라 생각합니다.

설교자는 소통하는 사람입니다. 하나님과 설교자 자신이 소통해야 하고, 또한 청중과 소통이 이루어져야 합니다. 소통되어야 말씀이 들리고 은혜를 받고 변화가 있습니다. 청중과 소통이 되려면 '들려야' 합니다. 들려야 통합니다.

'들리는 설교'를 하고 있습니까?

살아 있는 설교는 들리는 설교입니다. 설교는 선포이면서 동시에 설교자와 청중의 대화입니다. 들리는 설교를 위해 '무엇을' 전할 것인가와 '어떻게' 전할 것인가, 이 두 가지를 다 고려해야 합니다. 내용이 당연히 중요하지만 설교자는 청중에게 설교가 어떻게 들리는지, 설교를 어떻게 받아들이는지 청중의 형편에서 생각해 볼 필요가 있습니다. 때로는 강단에서 내려와 청중의 자리에 앉아볼 필요도 있습니다.

들리는 설교를 위해, 적절한 예화 사용을 제안합니다. 예화는 강단을 살리는 '비타민'입니다. 설교에 맛을 더하는 '조미료'입니다. 청중의 닫힌 마음을 여는 '윤활유'입니다. 들을 내용 없는 설교는 공허합니다. 본문을 떠난 설교는 성령님의 역사가 없습니다. 그러나 예화가 없는 설교는 청중의 귀를 열지 못합니다. 뜬구름 잡는 소리에 지쳐갑니다.

예화는 청중이 선포된 말씀을 잘 깨닫고 기억하며 적용하도록 도와주는 도구입니다. 영상문화가 지배하고 이미지에 영향받는 이 시대에 구체적이고 생생한 그림 언어인 예화가 설교 전달에 큰 역할을 하는 것을 부인할 수 없습니다. 담임목회의 설교 현장에 들어와 보니 더욱 실감합니다.

예화를 사용하려는 설교자의 수고와 노력은 그리스도의 복음과 생명의 말씀을 잘 전하기 위한 순수한 열망에서 나와야 합니다. 다른 이유가 없습니다. 부족하지만 설교를 맡겨주신 하나님께 충성하고 싶습니다. 말씀을 듣는 청중에게 들리는 설교를 선물로 주고 싶습니다.

신중해야 할 것은 예화를 사용하면서 본문의 메시지를 가려서 안 되고, 오직 말씀과 그리스도만을 드러내겠다는 의식입니다. 설교자도 마찬가집니다. 설교자 자신의 이름이나 특정 교회를 높이는 것이 아니라 예수님을 높이는 설교가 되어야 합니다. 예화가 살아야 설교가 살게 됩니다. 설교와 설교자가 살아야 교회가 살고 생명과 변화의 역사가 일어납니다.

예화의 이론과 실제에 대해 살펴보았지만 부족한 부분이 있습니다. 책을 마무리하면서 '설교 전달'과 관련해서 다음의 내용을 고려해 봅니다. 첫째, 효과적인 커뮤니케이션을 위해 설교자의 음성, 속도, 고저, 발성, 제스처, 표정, 시선 등의 요소입니다. 둘째, 설교에 있어서 성령님의 사역입니다. 귀로 사람의 말이 들리지만 성령님께서 청중의 마음을 열고 말씀이 들리게 합니다. 셋째, 설교자의 인격입니다. 청중은 설교자가 어떤 사람인가, 말씀대로 살고자 하는가를 보면서 설교를 듣고 있습니다.

책을 내면서 감사의 인사를 드릴 분이 많습니다. 돌아보니 하나님의 은혜는 하나님의 사람들을 통해 제 삶에 주어졌습니다. 만남의 축복을 주신 하나님께 감사드립니다.

먼저, 부족한 글임에도 과분한 추천사를 써주셔서 책을 빛내주신 목사님들과 교수님들께 감사드립니다. 이규현 목사님, 고(故) 정필도 목사님, 김서택 목사님, 권성수 목사님, 류응렬 목사님, 채경락 목사님, 김창훈 교수님, 정인교 교수님, 신성욱 교수님, 임도균 교수님께 감사의 인사를 드립니다.

다음으로, 가족들에 대해서 감사를 표현하고 싶습니다. 양가 부모님과 형제들의 기도와 사랑으로 여기까지 제 삶이 있습니다. 사랑하는 아내 김경숙과 두 자녀 김라희, 김희람에게 고마운 마음을 전하며 기쁨을 함께하고 싶습니다.

끝으로, 일일이 이름을 다 언급하지 못했지만 여러 모양으로 함께 해주시는 동역자 목사님들, 친구들, 성도님들께 감사의 인사를 전합니다. 지금까지 부교역자로 섬기고 훈련받은 대구동부교회, 대구동신교회, 수영로교회 성도님들께 감사드립니다. 부족한 설교를 기쁨으로 경청해주시는 양산 서창제일교회 성도님들께 감사드립니다.

미약하나마 이 책이 설교자 및 가르치는 사역으로 수고하시는 분들에게 작은 도움이 되기를 바라면서 글을 마칩니다.

Soli Deo Gloria!

| 주(註) |

1) 류응렬, "진리의 말씀으로 강단을 숨 쉬게 하라(14) 영성 있는 삶으로 청중 앞에 나아가라"
   (〈기독신문〉, 2019. 4. 30.)
2) 맹명관, 「메시지 전달혁명」(서울: 규장, 1999), 15-28쪽.
3) 채경락, 「퇴고 설교학」(서울: 성서유니온선교회, 2013), 11-12쪽.
4) 권성수, 「고통의 은총」(서울: 토기장이, 2011), 147쪽.
5) 이재기, 「변화하는 세상을 위한 새로운 강해설교」(서울: 요단출판사, 2011), 78-79쪽.
6) 해돈 W. 로빈슨, 박영호 역, 「강해 설교」(서울: 기독교문서선교회, 1983), 172쪽.
7) Charles H. Spurgeon, Lecture to My Student (Grand Rapids: Zondervan, 1972),
   p.350.
8) 브라이언 채플, 김기제 역, 「그리스도 중심의 설교」(서울: 은성, 1999), 209-253쪽.
9) 신성욱, 「목사님, 설교 최고예요!」(서울: 생명의말씀사, 2011), 193쪽.
10) 김창훈, 「설교학 강의안」(서울: 총신대학교 신학대학원, 2008), 184쪽.
11) 팀 켈러, 채경락 역, 「팀 켈러의 설교」(서울: 두란노서원, 2016), 233쪽.
12) 허쉘 W. 요크 & 버트 데커, 신성욱 역, 「확신있는 설교」(서울: 생명의말씀사, 2008),
    193쪽.
13) 김광웅, 「옆 교회 설교 잘하는 목사 노하우88」(서울: 한국강해설교학교, 2002), 67쪽.
14) 해돈 W. 로빈슨 & 크레이그 브라이언 라슨, 주승중 외 역, 「성경적인 설교 준비와 전달」
    (서울: 두란노, 2006), 401쪽.
15) 김광웅, 「옆 교회 설교 잘하는 목사 노하우88」(서울: 한국강해설교학교, 2002), 84쪽.
16) 찰스 H. 스펄전, 원광 역, 「스펄전 설교론」(고양: 크리스챤 다이제스트, 2003), 646쪽.
17) 신성욱, 「목사님, 설교 최고예요!」(서울: 생명의말씀사, 2011), 234-235쪽.
18) 설교가 염두에 두어야 할 두 가지 근본 대상은 '성경 말씀'과 '듣는 사람'이다. 밀을 추수
    하는 것만으로는 충분하지 않다. 사람이 먹을 수 있는 형태로 준비하지 않으면 양분을 공

급할 수도 기쁨을 줄 수도 없다. 오직 하나님만이 듣는 이의 마음을 여실 수 있음이 분명하지만 전하는 자도 진리를 정확하게 제시하고, 듣는 이의 마음과 삶에 깊숙이 새겨지게 하려면 많은 시간을 투자해야 한다.

팀 켈러, 채경락 역, 「팀 켈러의 설교」(서울: 두란노서원, 2016), 27-28쪽.

19) 마크 리틀톤 외, 배응준 역, 「심령을 꿰뚫는 설교를 합시다」(서울: 나침반 출판사, 1996), 83쪽.

21) 브라이언 채플, "예화 그 편견을 넘어서", 〈그 말씀〉(서울: 두란노, 1997년 1월호), 229쪽.

22) 이상훈, 「RE_THINK CHURCH(리싱크 처치)」 (서울: 교회성장연구소, 2019), 146쪽.

23) 안병만, 「영양가가 듬뿍 담긴 요리와 같은 맛 설교학」(서울: 프리칭아카데미, 2010), 271쪽.

24) 설교의 목적이 무엇일까? 김영봉 목사는 설교의 메시지가 지향할 5가지 방향을 소개한다. ① 청중을 '설득'(persuasion)하는 목표를 가져야 한다. ② 청중의 '회심'(conversion)을 목표로 삼아야 한다. ③ 청중의 '변화'(transformation)를 목표로 삼아야 한다. ④ 청중의 '성장'(growth)을 목표로 삼아야 한다. ⑤ 청중의 '실천'(action)을 목표로 삼아야 한다.

김영봉, 「설교자의 일주일」(서울: 도서출판 복 있는 사람, 2017), 355-358쪽.

24) 브라이언 채플, "예화 그 편견을 넘어서", 〈그 말씀〉(서울: 두란노, 1997년 1월호), 213쪽.

25) 스티브 차, "스페셜 인터뷰-브라이언 채플", 〈목회와 신학〉(서울: 두란노, 2019년 12월호), 36쪽.

26) 빌 D. 휘태거, 김광석 역, 「설교 리모델링」(서울: 요단출판사, 2002), 213쪽.

27) 권성수, "생명을 전수하는 강해설교", 〈교회 성장〉(서울: 교회성장연구소, 2011년 11월호), 39쪽.

28) 설교의 황태자 스펄전은 예화의 7가지 용도를 알려준다.
① 예화는 청중에게 흥미를 주고 주목을 끄는 역할을 한다. ② 예화는 설교를 활기 있고 생생하게 만들어준다. ③ 예화는 교리를 설명하거나 모호한 이해를 분명하게 한다. ④ 예화는 논리의 전개를 통해 청중을 설득하게 한다. ⑤ 예화는 진리를 기억하여 깨닫도록 도움을 준다. ⑥ 예화는 감동을 불러일으킨다. ⑦ 예화는 전혀 무관심한 사람도 귀를 기울

이게 만든다.

찰스 해돈 스펄전, 원광 역, 「스펄전 설교론」(고양: 크리스챤 다이제스트, 2003), 600-630쪽.

29) 마틴 로이드 존스, 서문강 역, 「목사와 설교」(서울 : 기독교문서선교회, 1999), 306쪽.

30) 위의 책, 304-305쪽.

31) 채경락, 「쉬운 설교」(서울: 도서출판 생명의양식, 2015), 307쪽.

32) 빌 D. 휘태거, 김광석 역, 「설교 리모델링」(서울: 요단출판사, 2002), 221쪽.

33) 방선기, 「설교하기는 어려워도 설교 준비는 즐겁다」(서울: 두란노, 1999), 22쪽.

34) 존 R. W. 스토트, 김명희 역, 「리더가 리더에게」(서울: 한국기독학생회출판부, 2016), 47-48쪽.

35) 좋은 예화를 찾는 비밀은 독서에 있다. 통찰력 있고 사고를 자극하며, 진리를 깨우치게 만드는 예화를 제시하는 설교자들은 규칙적인 독서를 하는 사람들이다. 하루에 30분 만이라도 가치 있는 독서를 한다면 엄청난 예화의 자료를 얻게 된다.
테리 G. 카터 & J. 스코트 듀발, 김창훈 역, 「성경 설교(서울: 성서유니온선교회, 2009), 151-152쪽.

36) 브라이언 채플, 김기제 역, 「그리스도 중심의 설교」(서울: 은성, 1999), 248쪽.

37) 위대한 설교자가 된 것은 설교와 공중 연설에 탁월한 은사를 가졌기 때문이라고 하는데 이것은 일정 부분 사실이다. 그러나 성령의 능력의 나타나심을 위해서 재능과 능력보다 더 중요한 것이 있다. 그것은 영적인 열매이다. 은사가 우리의 행함에 관한 것이라면 성령의 열매는 우리의 인격에 관한 것이다.
팀 켈러, 채경락 역, 「팀 켈러의 설교」(서울: 두란노서원, 2016), 259쪽.

38) 문성모, 「곽선희 목사에게 배우는 설교」(서울: 두란노, 2008), 307쪽.

39) 빌 D. 휘태거, 김광석 역, 「설교 리모델링」(서울: 요단출판사, 2002), 222쪽.

40) 허쉘 W. 요크 & 버트 데커, 신성욱 역, 「확신있는 설교」(서울:생명의말씀사, 2008), 216쪽.

41) 권성수, 「성령 설교」(서울: 국제제자훈련원, 2009), 277쪽.

42) 방선기, 「설교하기는 어려워도 설교 준비는 즐겁다」(서울: 두란노, 1999), 55-57쪽.

43) 류응렬, 「열 단계 설교 작성법에 따른 에베소서 설교하기」(서울: 두란노아카데미, 2010), 173-174쪽.

44) 문성모, 「곽선희 목사에게 배우는 설교」(서울: 두란노, 2008), 286쪽.

45) 워렌 W. 위어스비 & 데이빗 W. 위어스비, 남병훈 역, 「설교의 정석」(서울: 한국기독학생회출판부(IVP), 2012), 80쪽.

46) 김창훈, 「설교학 강의안」(서울: 총신대학교 신학대학원, 2008), 187쪽.

47) 설교자는 예화에 정직해야 한다. 만들어진 이야기라면 만들어진 것이라 밝히고, 실제 이야기라면 과장하지 말아야 한다. 설교자 자신의 이야기도 그렇고 교인의 이야기도 그렇다. 설교자들 중에는 "은혜받게 하는 데 도움이 된다면 모든 것이 허용된다"는 잘못된 믿음이 퍼져 있다. 이것은 설교자의 정직성의 문제이며, 이런 일이 반복될 때 회중은 설교자에 대한 신뢰를 잃는다.
김영봉, 「설교자의 일주일」(서울: 도서출판 복 있는 사람, 2017), 335-336쪽.

48) 해돈 W. 로빈슨 & 크레이그 브라이언 라슨, 주승중 외 역, 「성경적인 설교 준비와 전달」(서울: 두란노, 2006), 393-394쪽.

49) 빌 D. 휘태거, 김광석 역, 「설교 리모델링」(서울: 요단출판사, 2002), 216쪽.

50) 전병욱, 「히스기야의 기도」(서울: 규장문화사, 2002), 158-161쪽.

51) 조용기, 「그래도 사랑해야지」(서울: 서울말씀사, 2008), 227-228쪽.

52) 김동호, 「깨끗한 고백」(서울: 규장, 2003), 89-96쪽.

53) 권성수, "어떻게 하면 설교를 잘 할 수 있을까?", 제3회 개혁주의 설교학회 설교학 학술대회 학술지(서울: 개혁주의 설교학회, 2011), 15쪽.

54) 채경락, 「퇴고 설교학」(서울: 성서유니온선교회, 2013), 101쪽.

55) 해돈 W. 로빈슨 & 크레이그 브라이언 라슨, 주승중 외 역, 「성경적인 설교 준비와 전달」(서울: 두란노, 2006), 382-383쪽.

56) 김삼환, 「오직 주님 1, 가까이 계실 때에 부르라」(서울: 생명의말씀사, 1993), 446-447쪽.

57) 데이비드 알렌 & 스티븐 스미스 & 매튜 맥켈러, 김대혁 & 임도균 역, 「간추린 본문이 이끄는 설교」(서울: 아가페북스, 2016), 74쪽.

58) 채경락, 「퇴고 설교학」(서울: 성서유니온선교회, 2013), 107쪽.

59) 해돈 W. 로빈슨, 박영호 역, 「강해 설교」(서울: 기독교문서선교회, 1983), 174-175쪽.

60) 정장복, 「한국교회의 설교학 개론」(서울: 예배와설교아카데미, 2001), 279-280쪽.

61) 채경락, 「퇴고 설교학」(서울: 성서유니온선교회, 2013), 95쪽.

62) 박영재, 「설교가 전달되지 않는 18가지 이유」(서울: 규장, 2003), 198쪽.

63) 김삼환, 「김삼환 목사 설교집 3, 바로 바라보라」(서울: 생명의말씀사, 1993), 262-263쪽.

64) 정인교, 「정보화 시대 목회자를 위한 설교 살리기」(서울: 생명의말씀사, 2000), 153쪽.

65) 달라스신학교는 설교 평가를 할 때 4가지 기준을 세웠다. ① 본문에 충실한가? ② 설교가 명료한가? ③ 흥미로운가? ④ 적실성이 있는가? 이 중에서 ③ 흥미로운가?의 질문에서 예화 사용이 소개된다. ① 적절한 예화인가? ② 믿을만한 예화인가? ③ 내용을 잘 받쳐주는 예화인가?
이재기, 「변화하는 세상을 위한 새로운 강해설교」(서울: 요단출판사, 2011), 246-247쪽.

66) 하이슬러(Heisler)는 '성령이 설교에 역사하는 10가지 방면'을 소개한다.
① 성령은 성경본문을 영감하셨다. ② 성령은 설교자를 회심시킨다. ③ 성령은 설교자에게 설교의 소명을 주신다. ④ 성령은 설교자의 인격을 연단하신다. ⑤ 성령은 설교자의 마음과 머리를 조명하신다. ⑥ 성령은 설교자에게 설교의 능력을 부여하신다. ⑦ 성령은 설교자가 예수님을 주님과 중보자로 증언하도록 하신다. ⑧ 성령은 청중의 마음을 여신다. ⑨ 성령은 말씀을 청중의 삶에 적용시키신다. ⑩ 성령은 성령 충만한 성도들의 삶 속에 지속적인 열매가 맺히도록 하신다.
Greg Heisler, Spirit-Led Preaching: The Holy Spirit's Role in Sermon Preparation and Delivery (Nashville: B&H, 2007), p.4.

67) 존 R. W. 스토트, 정성구 역, 「현대교회와 설교」(서울: 생명의 샘, 1992), 258쪽.

68) 라메쉬 리처드, 정현 역, 「삶을 변화시키는 7단계 강해설교 준비」(서울: 도서출판 디모데, 1998), 174쪽.

69) 박영재, 「설교가 전달되지 않는 18가지 이유」(서울: 규장, 2003), 198쪽.

70) 옥한흠, 「로마서 2, 아무도 흔들 수 없는 나의 구원」(서울: 국제제자훈련원, 2002), 136-137쪽.

71) 정인교, 「설교자여 승부수를 던져라」(서울 : 대한기독교서회, 2010), 233쪽.

72) 이동원, 「내 영혼의 내비게이션」(서울 : 생명의말씀사, 2009), 27-28쪽.

73) 빌 D. 휘태거, 김광석 역, 「설교 리모델링」(서울: 요단출판사, 2002), 219쪽.

74) 김창훈, 창세기 29:31-30:24 설교(제목: "은혜에 감사하고 은혜를 사모하라"), 「설교학 강의안」(서울: 총신대학교 신학대학원, 2008), 189-190쪽.

75) 박영재, 「설교가 전달되지 않는 18가지 이유」(서울: 규장, 2003), 204쪽.

76) 옥한흠, 「시험이 없는 신앙생활은 없다」(서울: 두란노, 1989), 19쪽.

77) 신성욱, 신교수의 예회마당, (신성욱 교수 Facebook, 2019년 7월 9일).

78) 해돈 W. 로빈슨 & 크레이그 브라이언 라슨, 주승중 외 역, 「성경적인 설교 준비와 전달」
(서울: 두란노, 2006), 336쪽.

79) 데이비드 알렌 & 스티븐 스미스 & 매튜 맥켈러, 김대혁 & 임도균 역, 「간추린 본문이 이
끄는 설교」(서울: 아가페북스, 2016), 72쪽.

80) 신성욱, 「목사님, 설교 최고예요!」(서울: 생명의말씀사, 2011), 202쪽.

81) 이찬수, 「오늘을 견뎌라」(서울: 규장, 2014), 114-116쪽.

82) 정장복, 「설교는 만나이다」(서울: 예배와 설교아카데미, 2019), 78쪽.

83) 김도인, 「설교는 글쓰기다」(서울: 기독교문서선교회, 2018), 193쪽.

84) 박영재, 「설교자가 꼭 명심할 9가지 설득의 법칙」(서울: 규장, 2000), 99쪽.

85) 팀 켈러, 채경락 역, 「팀 켈러의 설교」(서울: 두란노서원, 2016), 234쪽.

86) 옥한흠, 「안아주심」(서울: 국제자자훈련원, 2007), 80-81쪽.

87) 김도인, 「설교는 글쓰기다」(서울: 기독교문서선교회, 2018), 241쪽.

88) 박영재, 「설교가 전달되지 않는 18가지 이유」(서울: 규장, 2003), 201쪽.

89) 이중표, 「이중표 설교집, 사람답게 살자」(서울: 쿰란출판사, 2004), 57-60쪽.

90) 하용조, 「우리는 사도행전적 교회를 꿈꾼다」(서울: 두란노서원, 2007), 215쪽.

91) 권성수, 「오순절의 성령」(대구: 도서출판 생명사역훈련원, 2016), 246-247쪽.

92) 김서택, 「요한복음 강해 4 : 종으로 오신 하나님」(서울: 성서유니온선교회, 2000),
200쪽.

93) 이동원, 「창세기 강해 2 : 믿음으로 사는 모험인생」(서울: 요단출판사, 2004),
245-246쪽.

94) 해돈 W. 로빈슨 & 크레이그 브라이언 라슨, 주승중 외 역, 「성경적인 설교 준비와 전달」
(서울: 두란노, 2006), 357-358쪽.

95) 문성모, 「곽선희 목사에게 배우는 설교」(서울: 두란노, 2008), 302쪽.

96) 예화는 성경적 진리를 기억하기 좋게 만드는데 '이야기'는 예화의 가장 중요한 수단이
다. 테리 G. 카터 & J. 스코트 듀발, 김창훈 역, 「성경 설교」(서울: 성서유니온선교회,
2009), 161쪽.

97) 마이클 지가렐리, 마영례 역, 「예수님 가방 속 설득 매뉴얼」(서울: 어부의 그물, 2009), 112쪽.

98) 류응렬, "진리의 말씀으로 강단을 숨쉬게 하라(14), 영성 있는 삶으로 청중 앞에 나아가라"(〈기독신문〉, 2019. 4. 30.)

99) 마이클 지가렐리, 마영례 역, 「예수님 가방 속 설득 매뉴얼」(서울: 어부의 그물, 2009), 111쪽.

100) 옥한흠, 「고통에는 뜻이 있다」(서울: 두란노, 1993), 214-215쪽.

101) 하용조, 「사도행전 강해 1, 성령받은 사람들」(서울: 두란노, 1999), 367-368쪽.

102) 맥스 루케이도, 박혜경 역, 「아주 특별한 사랑」(서울: 두란노서원, 2003), 65-66쪽.

103) 테리 G. 카터 & J. 스코트 듀발, 김창훈 역, 「성경 설교」(서울: 성서유니온선교회, 2009), 150-151쪽.

104) 신성욱, 「목사님, 설교 최고예요!」(서울: 생명의말씀사, 2011), 284쪽.

105) 채경락, 「퇴고 설교학」(서울: 성서유니온선교회, 2013), 108쪽.

106) 이찬수, 「처음 마음」(서울 : 규장 문화사, 2013), 106-108쪽.

107) 예화 활용 방법에 있어서 '하지 말아야 할 것'과 '해야 할 것'이 있다.

'하지 말아야 할 것'은 ① 고리타분한 예화를 들지 말라. ② 포인트에 맞지 않는 예화를 들지 말라. ③ 비밀을 폭로하는 예화를 들지 말라. ④ 청중의 감정만 자극하는 예화를 들지 말라. ⑤ 과장하거나 거짓말하지 말라. ⑥ 좋아하는 예화라고 해서 반복해서 들지 말라. '해야 할 것'은 ① 부지런하게 수집하라. ② 적절한 예화만 사용하라. ③ 청중을 염두에 두라. ④ 본문을 밝히는 예화를 들라. ⑤ 조심해서 선택하고 신중하게 전달하라. ⑥ 다양한 자료를 참조하라.

Richard L. Mayhue, "Introductions, Illustrations, and Conclusions," Preaching: How to Preach Biblically (Nashville: Nelson, 2005), pp.204-206.

108) 권성수 목사는 현재 대구동신교회 원로목사이다. 자세한 약력은 257쪽 참고하라.

109) 권성수, 「야고보서 강해」(대구: 생명사역훈련원, 2016), 138-157쪽.

110) 경험적인 예화를 사용한다. 위치에 맞는 예화(사용방법 1), 설교의 주제를 드러내는 예화(사용방법 2), 구체적인 예화(사용방법 3)가 사용되었다.

111) 설교가 진행되는 중에 적절하게 예화가 사용된다. 위치에 맞는 예화(사용방법 1), 설교의 주제를 드러내는 예화(사용방법 2), 인간미가 느껴지는 삶의 예화(사용방법 8)가 사용되었다.

112) 과학적 예화가 사용되고 있다. 과학적 사실에 근거해서 본문의 의미를 드러낸다.

113) 경험적 예화와 역사적 예화가 같이 쓰이고 있다. 위치에 맞는 예화(사용방법 1), 인간미가 느껴지는 삶의 예화(사용방법 7), 설교자가 직접 경험한 예화(사용방법 8)가 사용된다.

114) 책 내용을 인용하면서 문학적 예화가 사용되었다. 구체적인 예화(사용방법 3), 논리와 감정이 있는 예화(사용방법 4), 설교자가 직접 경험한 예화(사용방법 8)를 사용하였다.

115) 시를 인용하며 예화를 사용한다. 설교의 주제를 드러내는 예화(사용방법 2), 논리와 감정이 있는 예화(사용방법 4)를 사용한다.

116) 성경 인물과 관련된 이야기를 예화로 사용한다. 설교의 주제를 드러내는 예화(사용방법 2), 성경 예화(사용방법 6)가 사용되었다.

117) 경험적 예화가 사용되었다. 위치에 맞는 예화(사용방법 1), 논리와 감정이 있는 예화(사용방법 4), 시의적절한 생생한 예화(사용방법 5)를 사용한다.

118) 설교가 결론을 향해 진행하면서 예화가 사용된다. 위치에 맞는 예화(사용방법 1), 설교의 주제를 드러내는 예화(사용방법 2), 구체적인 예화(사용방법 3)를 사용한다.

119) 박영재 목사는 침례신학대학교, Southwestern Baptist Theological Seminary(M.Div.)와 Southern Baptist Theological Seminary (Th.M., Ph.D. 설교학 전공)에서 공부하였다. 여러 곳에서 설교학 특강과 설교세미나 강사로 섬기고 있으며, 좋은 설교연구소장이다. 저서로「설교자가 꼭 명심할 9가지 설득의 법칙」(규장 1997),「설교가 전달되지 않는 18가지 이유」(규장 1998) 등 다수가 있다.

120) 박영재,「청중 욕구 순서를 따른 16가지 설교 구성법」(서울: 규장, 2000), 244-255쪽.

121) 경험적인 예화를 사용한다. 위치에 맞는 예화(사용방법 1), 설교의 주제를 드러내는 예화(사용방법 2), 설교자가 직접 경험한 예화(사용방법 8)를 사용하고 있다.

122) 경험적인 예화를 사용한다. 메시지의 주제를 분명하게 하고 구체화 시키는 역할을 하는 예화가 사용되고 있다. 설교자의 1인칭 자기 이야기가 사용된다. 위치에 맞는 예화(사용방법 1), 설교의 주제를 드러내는 예화(사용방법 2), 인간미가 있는 삶의 예화(사용방법 7), 설교자가 직접 경험한 예화(사용방법 8)를 사용하고 있다.

123) 경험적인 예화를 사용하였다. 설교자가 생활에서 일어난 사건을 찾아 예화로 활용하고 있다. 설교의 주제를 드러내는 예화(사용방법 2), 인간미가 있는 삶의 예화(사용방법 7)를 사용하였다.

124) 경험적인 예화를 사용하였다. 설교 대지를 뒷받침하는 예화이다. 설교의 주제를 드러내는 예화(사용방법 2), 인간미가 있는 삶의 예화(사용방법 7)를 사용하였다.

125) 경험적 예화와 실물 예화를 함께 사용한다. 이 예화는 성령 충만이라는 추상적 명제를 청중이 그림을 보듯이 알게 하고 각인시키는 역할을 한다. 설교의 주제를 드러내는 예화(사용방법 2), 논리와 감정이 있는 예화(사용방법 4), 인간미가 있는 삶의 예화(사용방법 7)를 사용하였다.

126) 경험적인 예화를 사용한다. 결론에서 예화를 통해 메시지 적용을 강화시키고 있다. 설교의 주제를 드러내는 예화(사용방법 2), 구체적인 예화(사용방법 3), 시의적절한 생생한 예화(사용방법 5), 인간미가 있는 삶의 예화(사용방법 7), 설교자가 직접 경험한 예화(사용방법 8)를 사용하였다.

127) 고(故) 옥한흠 목사는 사랑의교회를 개척 및 담임목회를 하였고 원로목사로 시무 중 2010년에 향년 72세로 소천했다. 성균관대학교 영문학과를 거쳐 총신대 신대원을 졸업하고, 도미하여 칼빈신학교(Th.M.), 웨스트민스터신학교(D.Min.)을 졸업했다. 2001년 웨스트민스터신학교는 제자훈련을 통해 한국교회에 미친 그의 영향력을 인정하여 명예신학박사 학위(D.D.)를 수여했다. 저서로 「다시쓰는 평신도를 깨운다」(서울: 국제제자훈련원, 2007) 외 다수가 있다.

128) 옥한흠, 「안아주심」(서울: 국제제자훈련원, 2007), 193-214쪽.

129) 경험적인 예화를 사용한다. 위치에 맞는 예화(사용방법 1), 설교의 주제를 드러내는 예화(사용방법 2), 시의적절한 생생한 예화(사용방법 5)를 사용한다.

130) 경험적인 예화를 사용한다. 이 예화는 메시지의 주제를 분명하게 하고 구체화 시키는 역할을 한다. 설교의 주제를 드러내는 예화(사용방법 2), 인간미가 있는 삶의 예화(사용방법 7)가 사용되었다.

131) 경험적인 예화를 사용한다. 진리를 분명하게 만들고 청중에게 인상을 남기는 역할을 한다. 설교의 주제를 드러내는 예화(사용방법 2), 구체적인 예화(사용방법 3), 시의적절한 생생한 예화(사용방법 5)이며 설교자가 직접 경험한 예화(사용방법 8)를 사용하였다.

132) 전기적인 예화를 사용하였다. 메시지를 삶에서 적용할 수 있는 동기를 부여하는 예화이다. 설교의 주제를 드러내는 예화(사용방법 2), 구체적인 예화(사용방법 3), 논리와 감정이 있는 예화(사용방법 4), 인간미가 있는 삶의 예화(사용방법 7)를 사용하였다.

133) 전기적인 예화를 사용하였다. 예화의 원천은 설교자의 독서와 개인의 체험에서 나왔다. 설교의 주제를 드러내는 예화(사용방법 2), 인간미가 있는 삶의 예화(사용방법 7)를 사용하였다.

134) 경험적인 예화이며, 설교자가 삶의 현장에서 관찰하여 만든 예화이다. 설교의 주제를 드러내는 예화(사용방법 2), 인간미가 있는 삶의 예화(사용방법 7)가 사용되었다.

135) 경험적 예화가 사용되었다. 따스한 인간미가 있는 예화가 사용되어 청중에게 감동을 준다. 청중에게 메시지를 삶에서 적용하도록 하는 예화를 결론에서 사용한다. 위치에 맞는 예화(사용방법 1), 설교의 주제를 드러내는 예화(사용방법 2), 구체적인 예화(사용방법 3), 논리와 감정이 있는 예화(사용방법 4), 시의적절한 생생한 예화(사용방법 5)이며, 인간미가 있는 삶의 예화(사용방법 7), 설교자가 직접 경험한 예화(사용방법 8)를 사용한다.

136) 고(故) 해돈 로빈슨 (Haddon W. Robinson, 1931-2017)교수는 밥존슨대학교(B.A.), 달라스신학교(Th.M.), 남감리교대학교(M.A.), 일리노이대학교(Ph.D.)를 졸업하고 모교인 달라스신학교에서 19년간 설교학을 가르쳤다. 그 후 덴버신학교에서 12년간 총장으로 재직한 후 1991년부터 고든콘웰신학교의 설교학 석좌교수로 재직했다. 로빈슨은 1996년 베일러대학에서 "영어권 세계에서 가장 영향력 있는 설교자" 중 한 명으로 선정되었다. 역작 「강해설교」(Biblical Preaching)는 전 세계 목회자들이 탐독했으며 현재도 120개가 넘는 학교에서 설교학의 주교재로 사용되고 있다.

137) 해돈 W. 로빈슨, 김문철 역, 「반석 위에 인생을 세우는 법」(서울: 나침반 출판사, 2006년), 187-199쪽.

138) 설교를 시작하며 예화를 사용하여 청중을 주의 집중하게 한다. 위치에 맞는 예화(사용방법 1), 설교의 주제를 드러내는 예화(사용방법 2), 논리와 감정이 있는 예화(사용방법 4), 설교자가 직접 경험한 예화(사용방법 8)를 사용하고 있다.

139) 역사적인 예화를 통해 설교의 주제를 뒷받침하고 있다. 위치에 맞는 예화(사용방법 1), 설교의 주제를 드러내는 예화(사용방법 2), 논리와 감정이 있는 예화(사용방법 4)를 사용하였다. 이것을 통해 본문 메시지가 이미지로 청중에게 다가온다.

140) 경험적인 예화이다. 위치에 맞는 예화(사용방법 1), 설교의 주제를 드러내는 예화(사용방법 2), 구체적인 예화(사용방법 3), 논리와 감정이 있는 예화(사용방법 4), 설교자가 직접 경험한 예화(사용방법 8)를 사용하고 있다.

141) 성경 예화(사용방법 6)를 사용하였다. 성경 안에 있는 자료를 설교 예화로 사용한다.

142) 설교 주제의 매듭을 잘 짓고 청중의 가슴에 말씀이 깊이 전달되게 하는 예화이다. 위치에 맞는 예화(사용방법 1), 설교의 주제를 드러내는 예화(사용방법 2), 구체적인 예화(사용방법 3), 논리와 감정이 있는 예화(사용방법 4), 시의적절한 생생한 예화(사용방법 5),

인간미가 있는 삶의 예화(사용방법 7)를 사용하였다.

143) 고(故) 팀 켈러(Timothy J. keller) 목사는 신학자 및 기독교 변증가이다. 뉴욕시 리디머
장로교회(Redeemer Presbyterian Church)의 설립 목사이다. 버크넬대학, 고든콘웰신학
교, 그리고 웨스트민스터신학교에서 목회학 박사학위를 받았다. 후에 이 학교에서 교수도
하였다. '리디머시티투시티'(Redeemer City to City)의 이사장도 맡았었다. 10년이 넘는
기간 동안 48개 도시에서 250개 교회를 개척했다. 저서로「팀 켈러의 설교」(서울: 두란노
서원, 2016) 외 다수가 있다.

144) 팀 켈러(Timothy J. keller), 정성묵 역,「왕의 십자가」(서울 : 두란노서원, 2013),
75-88쪽.

145) 설교의 명제를 밝혀주는 예화가 사용된다. 위치에 맞는 예화(사용방법 1), 설교의 주제
를 드러내는 예화(사용방법 2), 구체적인 예화(사용방법 3)를 사용하고 있다.

146) 경험 예화가 사용되고 있다. 본문의 주제를 드러내는 예화(사용방법 2), 구체적인 예화
(사용방법 3), 논리와 감정이 있는 예화(사용방법 4), 시의적절한 생생한 예화(사용방법
5), 인간미가 있는 삶의 예화(사용방법 7), 설교자가 직접 경험한 예화(사용방법 8)를 사
용하였다. 다양하고 풍성한 예화 사용을 통해 본문의 메시지가 더욱 생생하고 설교 주제
가 명확해졌다.

147) 영화를 예화로 사용하는데 문학 예화에 해당된다. 설교의 주제를 드러내는 예화(사용방
법 2), 논리와 감정이 있는 예화(사용방법 4), 인간미가 있는 삶의 예화(사용방법 7)를 사
용하였다.

148) 설교 명제를 밝혀주는 예화이다. 위치에 맞는 예화(사용방법 1), 성경에서 예수님에 관
한 설명으로 성경 예화(사용방법 6)를 사용하였다.

149) 역사가의 말을 인용하는데 역사 예화에 해당된다. 설교의 주제를 드러내는 예화(사용방
법 2)이다.

150) 설교의 주제를 드러내는 예화(사용방법 2), 논리와 감정이 있는 예화(사용방법 4), 성경
본문을 활용하여 본문의 메시지를 드러내는 성경 예화(사용방법 6)를 사용한다.

151) 설교를 정리하면서 청중에게 울림과 여운을 남긴다. 위치에 맞는 예화(사용방법 1), 설교
의 주제를 드러내는 예화(사용방법 2), 구체적인 예화(사용방법 3), 논리와 감정이 있는 예
화(사용방법 4), 삶에서 가져온 인간미가 있는 삶의 예화(사용방법 7)를 사용하고 있다.

152) 조광현,「질문과 함께 배우는 설교」(서울: (주)복있는사람, 2022), 145쪽.

153) 마크 베터슨, 「올인」(서울: 규장, 2015), 151-153쪽.

154) 김병삼, 「다시, 교회」(서울: 두란노, 2023), 205-208쪽.

155) 양형주, 「평신도를 위한 쉬운 출애굽기 1」(서울: 도서출판 브니엘, 2021), 55-58쪽.

156) 이동원, 「블레싱」(서울: 규장, 2013), 111-113쪽.

157) 한 홍, 「예수 이름의 비밀」(서울: 규장, 2021), 137-139쪽.

158) 김지혁, "설교와 설교자 인터뷰 : 권성수 목사", 〈디사이플〉 서울: 국제제자훈련원,
    2018년 3월호. 권성수, "성령설교(4) 설교 잘하는 비결", 제5회 생명사역 컨퍼런스 강의
    안 (대구: 도서출판 생명사역훈련원, 2019), 73-76쪽, 144-145쪽, 150-168쪽.
    김병국, "제5회 생명사역 컨퍼런스 현장 인터뷰(권성수 목사)"〈기독신문 2019. 5. 2.〉

159) 김지혁, "설교자 인터뷰 : 김지혁 교수의 설교 갤러리(8)", 〈목회와 신학〉(서울: 두란노,
    2019년 9월호), 80-88쪽.
    류응렬, "진리의 말씀으로 강단을 숨쉬게 하라(24) 설교 예화, 이렇게 하라"(〈기독신문〉,
    2019. 7. 23.)
    김병국, "설교 이해와 실제' 연재 마친 류응렬 목사 인터뷰"(〈기독신문〉, 2019. 9. 17)

160) 김서택, 「강해설교의 기초」(서울: 홍성사, 2001), 269-270쪽, 279-283쪽,
    290-293쪽.
    김서택, 「강해설교와 목회」(서울: 홍성사, 2002), 11-13쪽, 20-38쪽.
    김서택, "개혁주의 설교 : 성경 전체를 설교하라"(〈기독신문〉, 2015. 10. 7.)

161) 이규현, 「목회를 말하다」(서울: 두란노, 2019), 173-184쪽, 192-203쪽, 205-208쪽.
    김대혁, "설교자 인터뷰 : 김대혁 교수의 설교 갤러리(2)", 〈목회와 신학〉(서울: 두란노,
    2019년 2월호), 80쪽.
    수영로교회 교역자 설교특강(2020. 4. 2.)

162) 김지혁, "설교자 인터뷰 : 김지혁 교수의 설교 갤러리(12)", 〈목회와 신학〉(서울: 두란노,
    2020년 1월호), 84-91쪽.
    채경락, 「퇴고 설교학」(서울: 성서유니온선교회, 2013), 87-89쪽, 101-102쪽, 118-134쪽.

163) 설교는 사람이 받을 수 있는 소명 중에 가장 고상하고, 위대하고, 영광스러운 소명이다.
    D. M. Lloyd-Jones, Preaching and Preachers
    (Grand Rapids: Zondervan, 1971), p.9.